DE QUELQUES LOIS SPÉCIALES AU LOUAGE DE TRAVAIL

LE PATRON & L'OUVRIER DEVANT LE CONSEIL DE PRUD'HOMMES

PAR

A. NOUVION-JACQUET, Président, et CH. CORDIER, Secrétaire
du Conseil de Prud'hommes de Reims.

PRÉFACE

de M. PAUL BEAUREGARD,
Professeur d'Économie politique à la Faculté de Droit de Paris,
chargé du cours d'Économie sociale au Conservatoire National des Arts et Métiers.

L'APPRENTISSAGE.
LA LOI DU 27 DÉCEMBRE 1890. — LES RÈGLEMENTS D'ATELIER.
LE MARCHANDAGE.
LA RUPTURE DU CONTRAT ET LES GRÈVES.

En vente chez tous les Libraires au profit du Bureau de Bienfaisance de Reims

PRIX : 1 FR. 50.

REIMS
IMPRIMERIE ET LITHOGRAPHIE DE L'INDÉPENDANT RÉMOIS
40, RUE DE TALLEYRAND, 40
1897

LE

PATRON & L'OUVRIER

DEVANT LE

CONSEIL DE PRUD'HOMMES

DE QUELQUES LOIS SPÉCIALES AU LOUAGE DE TRAVAIL

LE

PATRON & L'OUVRIER

DEVANT LE

CONSEIL DE PRUD'HOMMES

PAR

A. NOUVION-JACQUET, Président, et CH. CORDIER, Secrétaire

du Conseil de Prud'hommes de Reims.

PRÉFACE

de M. PAUL BEAUREGARD,

Professeur d'Économie politique à la Faculté de Droit de Paris,

chargé du cours d'Économie sociale au Conservatoire National des Arts et Métiers.

L'APPRENTISSAGE.

LA LOI DU 27 DÉCEMBRE 1890. — LES RÈGLEMENTS D'ATELIER.

LE MARCHANDAGE.

LA RUPTURE DU CONTRAT ET LES GRÈVES.

En vente chez tous les libraires au profit du Bureau de Bienfaisance de Reims

PRIX : 1 FR. 50.

REIMS

IMPRIMERIE ET LITHOGRAPHIE DE L'INDÉPENDANT RÉMOIS

40, RUE DE TALLEYRAND, 40

1897

PRÉFACE

On dit volontiers des Prud'hommes qu'ils sont les Juges de paix de l'atelier. Ce rapprochement est justifié en tant que l'on envisage le rôle si large de conciliateurs que la loi leur confie. Il ne l'est plus, au contraire, lorsque les parties, repoussant la conciliation et voulant épuiser leur droit, les Prud'hommes se constituent en tribunal et deviennent des juges. Ce n'est plus alors aux Juges de paix qu'il convient de comparer les Conseils de Prud'hommes, mais bien aux Tribunaux de commerce. Les uns et les autres, en effet, ont été créés dans un même but : confier à des hommes d'une compétence spéciale la connaissance de certaines affaires qui, par leur nature, paraissent devoir échapper à la juridiction de droit commun. S'il est vrai que les mille conflits engendrés par la vie commerciale doivent trouver leurs meilleurs juges parmi les commerçants eux-mêmes, ne doit-on pas, en bonne logique, reconnaître que les patrons et les ouvriers seront, plus que tous autres, aptes à trancher les différends qui s'élèvent entre l'entreprise et le travail, au cours de la vie industrielle ?

Mais si, par leur but comme par leur rôle, les Conseils de Prud'hommes ont d'intéressantes parentés dans notre organisation judiciaire actuelle, ils offrent en même temps un caractère essentiel qui, leur étant propre, constitue leur originalité. Le législateur, en effet, a voulu que les deux catégories d'intéressés, les patrons et les ouvriers, entre lesquels peuvent s'élever des difficultés pour le règlement desquelles les Conseils de Prud'hommes sont institués, fussent représentés dans ces Conseils. Cette idée profonde, qui cherche l'apaisement des conflits dans les garanties d'impartialité données à tous, on la trouve dès l'origine moderne de notre institution. Déjà le décret du 18 mars 1806, qui créa le Conseil de Prud'hommes de Lyon, appelait à en faire partie des négociants-fabricants et des chefs d'atelier. Dès 1809, un nouveau pas fut franchi : aux chefs d'atelier vinrent se joindre les contremaîtres, les teinturiers et les ouvriers patentés. Pourtant, si dès cette époque, les deux éléments étaient représentés, ils ne l'étaient pas d'une façon égale. Le décret de 1806 appelait au Conseil cinq négociants-fabricants et seulement quatre chefs d'atelier; quant au décret de 1809, il posait en règle que « en aucun cas les chefs d'atelier, les contremaîtres, les teinturiers ou les ouvriers ne seraient égaux en nombre aux marchands-fabricants : ceux-ci, disait-il, auront toujours dans le Conseil un membre de plus que les chefs d'atelier, les contremaîtres, les teinturiers ou les ouvriers ». C'était assurer à l'un des éléments représentés une prédominance à peu près absolue sur l'autre, car non seulement les patrons étaient certains de l'emporter dans les votes relatifs aux procès pendants, mais encore ils étaient maîtres de la présidence et de la vice-présidence du Conseil, ces deux fonctions étant déférées, au scrutin, par le Conseil lui-même, dans lequel la majorité leur était acquise.

Mais toute idée juste tend inévitablement à sa complète réalisation. Dès que l'on avait reconnu la nécessité de faire, dans les Conseils de Prud'hommes, une place aux représentants du travail, il n'y avait aucune bonne raison pour les réduire à un état d'infériorité. La logique, comme le sentiment, exigeaient une entière égalité : ils devaient être obéis.

Le Gouvernement de 1848 le comprit. Un décret du 27 mai donna pleine satisfaction aux revendications des Prud'hommes ouvriers. L'égalité la plus complète fut établie. Le zèle entraîna même trop loin les réformateurs de cette époque car, redoutant la prépondérance de l'un des éléments sur l'autre, ils ne se bornèrent pas à ordonner que les fonctions de président et de vice-président fussent toujours partagées entre les deux fractions du Conseil, ils décidèrent aussi que chaque président ne resterait en fonction que pendant trois mois et serait non rééligible, tout président appartenant à l'un des éléments représentés au Conseil devant être remplacé par un président appartenant à l'autre élément. C'était rendre impossible toute direction sérieuse et tout esprit de suite; c'était vouer les Conseils de Prud'hommes à l'impuissance.

L'Empire ne dépassa pas moins la mesure, bien qu'en sens contraire. S'il respecta le principe d'égalité introduit en 1848, quant au recrutement des Conseils, il mit purement et simplement la main sur les fonctions directrices. En vertu de la loi du 1er juin 1853, président et vice-président durent être désignés par le Chef de l'Etat, qui se réserva même le droit de les choisir en dehors du Conseil.

Nous sommes enfin revenus de ces erreurs. Les lois de la République ont achevé d'établir, entre les deux éléments des Conseils de Prud'hommes, la parfaite égalité à laquelle ils ont droit, mais elles n'ont mis aucun obstacle à la bonne administration de ces corps. Nommant eux-mêmes leur président et leur vice-président, les Conseils doivent choisir, pour l'une de ces fonctions, un membre patron et pour l'autre un membre ouvrier. Voilà pour l'égalité. Mais ils sont libres de les réélire à leur gré. Voilà pour la stabilité. Les hommes dévoués qui acceptent la délicate mission de diriger les Conseils ont donc, aujourd'hui, le temps d'acquérir et l'expérience et l'autorité indispensables pour agir utilement. Sous leur égide, peuvent s'établir ces bons rapports et ces traditions dont aucune institution ne saurait se passer. Désormais, on peut le dire, les Conseils de Prud'hommes présentent, sans réserve, le caractère franchement démocratique qu'ils devaient logiquement revêtir.

Ce développement normal des Conseils de Prud'hommes, cette conquête par la classe ouvrière, d'une parfaite égalité se sont-ils accomplis sans entraîner aucun inconvénient? Nul n'oserait le dire. Depuis 1848, les conciliations sont devenues relativement plus rares, en même temps que les jugements des Prud'hommes étaient plus souvent frappés d'appel. Mais qui s'en étonnera? Nul à coup sûr, parmi ceux qui ont réfléchi sur les difficultés inhérentes aux questions sociales.

La loi n'a pu que créer l'instrument, puis le perfectionner : c'est aux Prud'hommes à s'en servir. Or, il serait profondément injuste de méconnaître l'extrême délicatesse de la tâche qui leur est ici confiée. Il n'est pas aisé de calmer des esprits surexcités, de rapprocher deux classes plus portées à voir ce qui les divise qu'à envisager l'harmonie finale de leurs intérêts ; d'amener la plus heureuse d'entre elles à des concessions que souvent, à défaut du droit, la morale impose ; de faire comprendre à la seconde l'équité d'arrangements sociaux dont elle se croit victime ; de lui faire prendre patience, au nom de son propre intérêt, alors que l'amélioration de son sort, sensible quand on compare des époques éloignées, échappe presque toujours à l'observation quotidienne. Non, tout cela n'est pas aisé ! Et telle est bien cependant, dans l'ordre des idées générales, la mission hautement civilisatrice dévolue aux Conseils de Prud'hommes. Ouvriers ou patrons, ils ne la peuvent remplir qu'en s'inspirant des idées les plus élevées et les plus généreuses. Conciliateurs, il leur faut cette haute raison et cette bonté de cœur qui calment les passions ; juges, ils doivent donner l'exemple de la plus stricte impartialité.

Mais, je n'hésite pas à le dire, si la tâche est difficile pour tous, elle l'est plus particulièrement pour les Prud'hommes ouvriers.

On leur a souvent reproché de s'attacher avec trop d'énergie aux intérêts des plaideurs ouvriers, de conseiller ceux-ci, puis de les défendre, de se faire, en un mot, leurs avocats. Mais, je le déclare, tant qu'ils ne vont pas plus loin, on a tort de les accuser d'abuser de leurs droits ; ils ne font qu'obéir au vœu de la loi. Sans doute, on m'objectera les devoirs du juge et la nécessité d'une balance inflexible. Rien de plus juste : ne parlais-je pas, moi-même, il y a un instant, de cette impartialité stricte dont les Prud'hommes doivent donner l'exemple. Mais on voudra bien remarquer que, pour chacune des causes dont l'examen leur est confié, il se passe, avant qu'un jugement n'intervienne, une série de faits, au cours desquels leur action bienveillante peut s'exercer légitimement en faveur du plaideur ouvrier.

L'affaire est d'abord portée devant le Bureau de conciliation, composé d'un Prud'homme patron et d'un Prud'homme ouvrier. Les parties comparaissent en personne, sans le secours d'aucun conseil. Est-il exagéré de dire que, trop souvent, s'il n'est soutenu par la bienveillance des juges conciliateurs, le plaideur ouvrier risquera de se trouver en état d'infériorité? Il n'y aurait rien de surprenant à ce qu'il se vît embarrassé pour exposer ses griefs ; il sentira vraisemblablement mieux qu'il ne s'exprimera, il se perdra dans des digressions peu faites pour éclairer le débat, ou même, dans sa recherche pénible des mots, il en pourra prononcer de regrettables. Pour peu qu'il ait devant lui un adversaire instruit et habile, le voilà dans un bien mauvais cas. Qu'y a-t-il d'excessif à ce que le juge conciliateur, l'écoutant avec bienveillance, tenant compte de son embarras et le faisant profiter de sa propre expérience, débrouille le chaos de ses explications et en dégage les vrais motifs qu'il n'avait pas su mettre en lumière. Cela est si peu excessif que c'est le devoir même des deux Prud'hommes conciliateurs, du patron aussi bien que de l'ouvrier ; il est toutefois évident que l'initiative en revient plutôt au Prud'homme ouvrier, car il est mieux à même de comprendre cet autre ouvrier qui parle devant lui et c'est plutôt à lui que ce dernier s'adressera. Sa seule présence donne à celui-ci l'assurance d'être écouté avec bienveillance, d'être compris, puis, selon le cas, d'être défendu ou conseillé avec dévouement. C'est précisément dans ce but que les représentants des ouvriers sont appelés dans les Conseils de Prud'hommes.

Ce qui est vrai en conciliation ne l'est pas moins lorsque l'affaire est renvoyée devant le Bureau général pour être jugée. Là encore, les parties se présentent seules, exposant elles-mêmes, sans le secours d'aucun conseil, leurs griefs et leurs motifs. Les mêmes raisons légitiment, rendent même souvent nécessaire l'intervention des Prud'hommes ouvriers en vue de seconder l'ouvrier dans sa défense ou dans sa prétention. Qu'y a-t-il là, d'ailleurs, d'exceptionnel ? Dans tout tribunal, au moment de la délibération, chaque juge n'a-t-il pas le droit d'exposer à ses collègues son avis sur l'affaire, et de le motiver. Les Prud'hommes ouvriers le feront plus souvent que d'autres parce que la nécessité s'en fera plus souvent sentir. Rien de plus naturel. Si l'on ne voulait pas qu'il en fût ainsi, il ne fallait pas les appeler aux Conseils.

Mais ce rapide examen des droits et des devoirs des Prud'hommes ouvriers, ne suffit-il pas à démontrer combien j'avais raison de dire que leur rôle était particulièrement délicat ?

Oh ! la difficulté n'est pas, pour eux, de remplir ce rôle : ils s'en acquittent partout, avec dévouement et même avec entrain. Elle consiste à ne pas le dépasser, à s'arrêter aux bornes qu'impose l'équité.

Si, en effet, le Prud'homme ouvrier a le droit et le devoir de seconder et de conseiller le plaideur ouvrier, ai-je besoin de dire qu'il n'a ce droit et ce devoir que dans la limite du juste ? Qu'il aide le plaideur ouvrier à obtenir justice, rien de mieux ; il ne doit, à aucun prix, faire triompher sa prétention si elle est mal fondée. La loi lui a confié un beau et grand rôle, plus beau et plus grand, par la force des choses, que celui qui revient, en fait, aux Prud'hommes patrons ; mais elle le lui a confié uniquement pour que la justice soit mieux rendue. Il lui faut donc contenir dans une exacte mesure ses sentiments de bienveillance. Défenseur naturel du plaideur ouvrier, tant que celui-ci expose sa prétention, fait valoir ses motifs, il ne doit plus, soit quand il le conseille, soit quand il vote pour le jugement, s'inspirer que des sentiments d'un homme équitable ou d'un juge impartial.

C'est beaucoup demander à la faible nature humaine. Il est évidemment à craindre que le Prud'homme ouvrier n'ait peine à se ressaisir, qu'il n'incline sa raison en faveur de celui auquel il est si porté à s'intéresser, et le danger s'aggrave encore du fait qu'il est l'élu des ouvriers et, qu'en le choisissant, ils ont compté sur lui.

Il faut malheureusement reconnaître que ce danger n'a pas été évité. Je ne fais ici le procès de personne, je ne chercherai donc pas si les Prud'hommes patrons ont ou n'ont pas fait ce qu'il eût fallu faire pour conjurer le péril. Je me borne à constater un fait indéniable. Les deux éléments composant les Conseils de Prud'hommes sont entrés, trop souvent, en lutte ouverte et la passion l'a emporté sur l'esprit de justice. On en est arrivé au mandat impératif, presque toujours imposé au candidat ouvrier et lui ordonnant de voter, toujours et quand même, en faveur du plaideur ouvrier ; et, de leur côté, sans le dire ouvertement, les Prud'hommes patrons n'ont pas manqué de soutenir le plaideur patron. La lutte des classes a pénétré dans les Conseils, et la justice a cessé d'y être bien rendue. Les conciliations sont devenues plus rares, les décisions importantes ont été presque régulièrement déférées, en appel, aux Tribunaux de commerce et souvent réformées par eux. Peu à peu les Conseils de Prud'hommes ont perdu la considération qui les avait d'abord entourés; le triste mot de « gâchis » a pu être prononcé, et l'on a été jusqu'à demander leur remplacement par le Juge de paix, assisté d'un patron et d'un ouvrier.

Les Conseils de Prud'hommes sont-ils donc condamnés sans retour? Faudra-t-il en venir à remplacer, par quelque combinaison hybride et sans valeur sociale, une institution excellente en elle-même et dont on avait attendu tant de bons résultats? Il n'en est heureusement pas ainsi. Rien n'est perdu et, pourvu que l'on veuille bien se rendre compte du mal et de ses causes, il est aisé d'y porter remède. Les mœurs qui se sont introduites dans les Conseils de Prud'hommes les ont fait dévier de la vraie route, ce sont ces mœurs qu'il faut changer.

Or, d'où proviennent les tendances regrettables que j'ai signalées? Uniquement de ce que chaque affaire est examinée de façon concrète, sans qu'aucun principe directeur serve de guide. On me dira, sans doute, qu'il existe des lois, et par conséquent des principes arrêtés. Mais, outre qu'il faut étudier la loi avant de l'appliquer, et qu'en fait, trop souvent mal comprise, elle est trop souvent mal appliquée, tout jurisconsulte reconnaîtra que la loi ne peut suffire. *Elle se borne, elle doit se borner* à poser des règles générales, sur lesquelles les tribunaux doivent ensuite s'appuyer pour trancher les innombrables différends, dont pas un, peut-être, ne réalise exactement l'hypothèse prévue dans le texte. Je ne prendrai pas pour exemple la loi du 27 décembre 1890, modificative de l'article 1780 du Code civil. J'aurais trop facilement raison, car il est évident que ce texte obscur a grand besoin d'une interprétation attentive. Mais que l'on choisisse une loi quelconque, il en sera de même. La loi du 22 février 1851, sur le contrat d'apprentissage, contient nombre de formules très générales : l'une d'elles, par exemple, impose au patron l'obligation d'agir, vis-à-vis de l'apprenti, « en bon père de famille »; une autre déclare qu'il doit « enseigner à l'apprenti progressivement et complètement l'art, le métier ou la profession qui fait l'objet du contrat », etc. — Que comprend exactement l'obligation d'agir en bon père de famille? Selon quelle méthode, et dans quelle mesure, l'art ou le métier devra-t-il être enseigné? La loi n'en dit rien, s'en remettant à la sagesse des tribunaux du soin de poursuivre dans le détail l'application des règles générales qu'elle a posées. Certaines questions, même comptant parmi celles qui, sous des aspects variés, se présentent le plus fréquemment à l'examen des Conseils de Prud'hommes, ne sont prévues par aucun texte spécial. Quelle est, par exemple, dans les divers cas, la force obligatoire des règlements d'atelier? Quelles seront, pour l'ouvrier, les conséquences des malfaçons? Se contentera-t-on de répondre, pour le premier cas, que la convention fait la loi des parties (art. 1134 du Code civil), et pour le second, que celui qui cause un dommage est tenu de le réparer (art. 1382 du Code civil)? On sent, immédiatement, que l'application de règles aussi générales exige, dans la pratique, des nuances sur lesquelles il serait bon de s'entendre. — Si enfin je parle des usages, variables selon les industries et les régions, chacun conviendra qu'il serait bien désirable de voir les Conseils de Prud'hommes se donner la tâche de les recueillir et de les fixer. Ils peuvent même faire davantage, et supprimer certaines pratiques vicieuses dont l'ouvrier risque d'être injustement victime.

J'aurai bientôt l'occasion de le montrer par un exemple.

Il est donc nécessaire que les Conseils de Prud'hommes fixent leur jurisprudence, c'est-à-dire déterminent avec précision (dans la mesure du possible) les principes d'après lesquels leurs décisions seront rendues, à l'avenir. En agissant ainsi, d'ailleurs, ils ne feront que suivre l'exemple de leurs aînés, les Tribunaux civils et les Tribunaux de Commerce. En matière civile surtout, le droit est l'œuvre de la jurisprudence autant, sinon plus, que de la loi elle-même.

Mais il serait illusoire d'attendre la création d'une pareille jurisprudence de la succession des décisions rendues par les Prud'hommes dans les conditions actuelles. Inspirées trop souvent par l'esprit de parti, et contradictoires entre elles, ces décisions ne conduiraient qu'au chaos. Engagés dans une voie fausse, les Conseils de Prud'hommes n'en peuvent sortir que par une décision énergique. Qu'ils créent donc, de toutes pièces, cette jurisprudence indispensable, qu'ils arrêtent une fois pour toutes les principes qui leur serviront de guides, qu'ils *disent* le droit, avant de l'appliquer. Il suffirait pour cela que chaque Conseil mît à l'étude, en Assemblée générale, les points principaux de la législation ouvrière. Des discussions s'engageraient, auxquelles chacun aurait pu se préparer, et l'on serait tout surpris de se trouver bientôt d'accord. Désormais, chaque Conseil, au lieu de marcher à l'aveugle, aurait, pour se guider, les règles qu'il aurait lui-même fixées, juste récompense du travail auquel il aurait consacré tout son temps et ses efforts.

Ce travail, d'ailleurs, j'ose affirmer qu'il serait bien fait.

En examinant les questions en abstraction, ou, si l'on veut, en hypothèse, les Prud'hommes seraient, par là même, dégagés de toute préoccupation touchant la qualité des plaideurs : l'esprit de parti ferait aussitôt place au besoin de justice. Mieux que tous autres, d'autre part, ils sont à même de déterminer les points sur lesquels il est nécessaire de s'entendre, comme aussi de tenir un compte exact des considérations spéciales qui doivent, en certains cas, tempérer la rigueur du droit. Et quant au droit lui-même, si son étude approfondie demande beaucoup de réflexion, il exige, avant tout, de la justesse d'esprit, qualité qui ne manque guère en France. Le droit de la législation ouvrière est d'ailleurs un droit relativement simple.

Quant aux résultats à attendre d'une pareille méthode, on les aperçoit sans peine.

Les jugements deviennent uniformes. Ils le sont d'abord pour les causes semblables soumises à un même Conseil, ils le sont bientôt pour les mêmes causes, quel que soit le Conseil qui s'en trouve saisi. Les Conseils, en effet, influent les uns sur les autres ; cherchant avant tout la justice, ils se communiquent leurs décisions, et si l'un s'est trompé, il n'hésite pas à s'incliner devant l'opinion des autres. Seuls, les usages propres à certaines contrées motivent des décisions spéciales ; mais le Conseil, en appliquant l'usage, a soin de le mentionner expressément, le fixant ainsi, en même temps qu'il évite que son jugement ne soit mal compris.

Si les jugements deviennent uniformes, ils deviennent aussi équitables. Puisque l'on a, d'avance, fixé les règles d'après lesquelles on jugera, la personnalité des plaideurs disparaît dans le débat. Il ne reste plus à dégager que les éléments de fait. Or, les éléments de fait sont peu contestés lorsque le président sait diriger les débats avec autorité et tenir les parties en respect par une attitude franche et loyale, sévère en même temps que bienveillante ; c'est aussi dans l'examen de ces éléments de fait que la surveillance du Prud'homme ouvrier peut, sans inconvénient, seconder l'embarras du plaideur ouvrier.

Prononçant des jugements inspirés par l'esprit de justice, les Conseils de Prud'hommes recouvrent immédiatement la considération qui s'est trop éloignée d'eux. Ils prennent enfin, hautement, la grande place qui leur est réservée par la loi dans notre organisation sociale ; leur mission devient toute d'équité et d'apaisement.

Dans l'accomplissement de cette mission, ils sont aidés par la confiance des justiciables. Ceux-ci, sachant que la qualité des personnes n'aura rien à voir dans les décisions qui seront rendues, mis à même d'ailleurs de connaître à l'avance le droit qui leur sera appliqué, acceptent avec respect un jugement même défavorable qui ne peut les surprendre. Beaucoup même ne vont pas jusque là. Avertis paternellement par les Prud'hommes conciliateurs, ils ne courent pas au devant d'un jugement dont ils savent la sentence établie déjà dans l'esprit des juges ; ils se laissent concilier pour éviter des frais, pour éviter surtout une décision dont les termes, peut-être peu agréables, peuvent être rendus publics.

Et comment, enfin, tous ne sauraient-ils pas gré aux Prud'hommes d'avoir fixé de façon claire et précise cette législation qu'ils sont censés connaître et qui leur paraît inextricable, aujourd'hui.

Il n'est pas jusqu'au fonctionnement intérieur des Conseils qui ne se trouve amélioré. Il importe peu, désormais, au justiciable, que la Présidence du Conseil appartienne à l'un ou à l'autre groupe, car le vote prépondérant du Président ne favorisera désormais que le triomphe de l'équité. Les Conseils pourront donc choisir librement, sans préoccupation de parti, pour lui confier ces délicates fonctions, celui que son intelligence, sa bienveillance d'esprit, son tact, son énergie, en rendront le plus digne.

Tel est, en traits rapides, le tableau que l'on peut dresser des bienfaits à attendre de l'effort que nous demandons aux Conseils de Prud'hommes. Cet effort paraîtra-t-il excessif, en présence de tels avantages?

L'idée que je viens de développer ne m'est pas personnelle. Je ne fais que la présenter au public, en y applaudissant de grand cœur. Elle appartient en propre au Président du Conseil de Prud'hommes de Reims, M. Nouvion-Jacquet, et grâce à ses efforts, sortant du domaine de la théorie pure, elle a déjà subi victorieusement l'épreuve de l'expérience.

Le Conseil de Prud'hommes de Reims ne valait, autrefois, ni plus ni moins que les autres. Chacun y était bien intentionné, sans doute, mais comme ailleurs, chacun confondait volontiers ses devoirs et ses penchants, et les jugements se succédaient, souvent contradictoires, au hasard des majorités, ou bien le Président, en présence de votes toujours inspirés par l'intérêt des classes, en était réduit à jouer le rôle d'arbitre en usant de la prépondérance que la loi accorde à son vote.

Aujourd'hui tout est changé.

Le 8 mars 1897, le Conseil de Prud'hommes de Reims, sur l'initiative de son Président, se réunissait en assemblée générale et, au cours d'une discussion courtoise, s'entendait sur un certain nombre de règles (nous les ferons connaître succinctement dans un instant) à appliquer aux conflits dont il est le plus fréquemment saisi.

Depuis cette époque l'apaisement est complet. En cas de difficulté, lorsqu'un jugement doit être rendu, on se reporte au « Petit Livre », contenant le compte-rendu de la séance du 8 mars, et l'on suit ses indications avec la plus grande fidélité.

Est-ce à dire que, de ce fait, l'intérêt des ouvriers se soit trouvé sacrifié ? Bien au contraire. Un jugement rendu, à l'aveugle, en faveur d'un ouvrier qui devrait perdre son procès, ne fait aucun bien à la classe ouvrière; une jurisprudence ferme, qui fixe les droits de chacun et les soustrait aux hasards de la composition du Tribunal, rend, au contraire, service à tout le monde.

Le Conseil de Prud'hommes de Reims s'est d'ailleurs inspiré d'idées larges, en même temps qu'exactes. Sur plusieurs points importants, il a su, sans s'éloigner de la vérité juridique, prendre des décisions dont les ouvriers profiteront et qu'on ne saurait qu'approuver.

Voici du reste, en raccourci, un aperçu de cette séance si intéressante. Les brefs extraits que je vais citer donneront, j'en suis sûr, à beaucoup, le désir de lire dans son entier le compte rendu auquel je les emprunte.

La séance fut ouverte par un discours du Président que je reproduis, parce qu'il indique, avec fermeté et précision, le rôle des Conseils de Prud'hommes.

MESSIEURS,

La composition légale du Conseil, en effet, met en présence deux éléments, dont les intérêts ne sont pas, mais paraissent être diamétralement opposés.

Le rôle du Président, si les juges ne voient, avec la meilleure foi du monde, que l'intérêt de classes, devient celui d'un arbitre qui tranche les différends par la voix prépondérante que lui accorde la loi.

Ce système, certainement préjudiciable aux intérêts des patrons et des ouvriers, ne peut être la règle de notre Compagnie; vous ne voudrez pas le laisser pénétrer dans notre Conseil, qui ne doit être au service de personne; vous êtes et vous resterez les serviteurs de votre conscience et les fidèles gardiens de la loi.

Il est évident qu'en présence de celui qui paraît posséder le capital et de celui qui produit, on se sent, malgré soi, attiré vers celui qui peine et souffre.

On n'envisage jamais que le plus atteint n'est pas toujours ce dernier.

Ce sentiment très humain est très honorable ; mais il n'est permis que quand il ne dépasse pas les limites du respect qu'on doit à la justice.

Rappelez-vous que dans cette enceinte, il ne doit y avoir ni patrons ni ouvriers, mais seulement des juges et des justiciables.

Vous ne voudrez pas que le Conseil de Prud'hommes, ce tribunal des humbles, ne conserve pas la considération à laquelle il a droit.

Vous ne voudrez pas que des dissentiments intérieurs servent à forger une arme contre une Compagnie dont la mission est des plus belles.

Juges intègres, véritablement dignes de remplir le rôle que la Société vous a confié, vous respecterez le serment que vous avez fait de ne jamais prendre d'autres décisions que celles qui vous seront dictées par le sentiment de la justice et de l'équité.

Dans ces conditions, vous trouverez dans votre Président un dévoué directeur de vos travaux, et je puis vous affirmer que je mettrai tout ce que j'ai de meilleur en moi au service de la cause que nous sommes chargés de défendre.

C'est donc d'abord pour répondre à la demande de réunion générale qui m'a été adressée par plusieurs d'entre vous, conformément à l'article 26 du règlement de notre Compagnie, et aussi pour vous entretenir de différentes questions qui vous intéressent que je vous ai convoqués aujourd'hui. Je vous propose donc d'examiner les points suivants, qui forment l'ordre du jour de la réunion.

A la suite de ce discours, une discussion courtoise s'engagea, puis des décisions furent prises. Deux jugements, récemment rendus par le Bureau général du Conseil, furent approuvés par l'Assemblée; un certain nombre de difficultés susceptibles de se présenter fréquemment furent tranchées. Je reproduis la plupart de ces décisions en changeant seulement leur ordre pour en rapprocher deux qui se complètent l'une l'autre.

1° DÉLAIS DE PRÉVENANCE

Les patrons, d'accord avec leurs ouvriers, peuvent adopter tels délais de prévenance qui leur conviennent.

Dans le cas de brusque renvoi, alors que le préavis est prévu, la somme versée par celle des parties qui a rompu le contrat n'est pas à proprement parler une indemnité; c'est la sanction d'un contrat légalement passé et l'exécution d'une clause par celui qui prétend tirer profit, en s'y dérobant.

En cas de différend, la partie lésée qui en donne la preuve, peut toujours demander une indemnité. Le Conseil la fixera conformément aux principes posés par la loi du 27 Décembre 1890. A défaut de délais fixés à l'avance on appliquera la huitaine, la quinzaine ou le mois, suivant les circonstances.

2° RUPTURE DU CONTRAT DE LOUAGE DE TRAVAIL

Les manquements aux engagements pris, les violences, les injures, les menaces autorisent la rupture immédiate du contrat sans indemnité. Cependant, l'appréciation de ces faits appartient au Conseil. Celle des parties qui a ainsi provoqué cette rupture peut être l'objet d'une action civile en dommages-intérêts, et, en outre, selon le cas, d'une action pénale.

3° RÈGLEMENTS D'ATELIERS ET DE CHANTIERS

Il ne suffit pas qu'un règlement soit affiché dans les ateliers et chantiers, ni déposé au Conseil de Prud'hommes, pour qu'il fasse la loi des parties; il faut qu'il soit parfaitement établi qu'il a été connu et accepté des parties contractantes, et qu'il ne contienne aucune clause contraire à la loi ou présentant un caractère abusif ou dolosif.

4° DOMMAGES-INTÉRÊTS

Les dommages-intérêts, s'il en est dû, pour brusque rupture du contrat, sont déterminés par le Conseil qui prend en considération les différentes circonstances de la cause, ainsi que l'édicte le nouvel article 1780.

L'ouvrier dont le travail défectueux est de nature à causer préjudice à son patron doit à celui-ci, qu'il soit ou non immédiatement congédié, une indemnité en raison de ce préjudice.

C'est au Conseil qu'il appartient de déterminer le montant de l'indemnité, en tenant compte des circonstances particulières de la cause, si les parties ne peuvent tomber d'accord sur ce point.

NOTICE

RELATIVE A LA HUITAINE D'ESSAI EN USAGE DANS L'INDUSTRIE DU BATIMENT ET APPLIQUÉE GÉNÉRALEMENT PAR LE CONSEIL DE PRUD'HOMMES A TOUTES LES AUTRES INDUSTRIES.

Le patron et l'ouvrier qui se trouvent sous le régime de la huitaine, peuvent réciproquement se quitter pendant les huit premiers jours qui suivent l'embauchage et qui sont considérés comme huitaine d'essai, sans avertissement préalable, à moins de conventions contraires dûment établies, avec preuve matérielle à l'appui.

Pendant cette première huitaine, les parties contractantes sont néanmoins soumises à toutes les autres obligations résultant du droit, des usages ou des conventions particulières arrêtées au moment de l'embauchage.

Le délai expiré, le patron ne pourra plus arguer de l'incapacité de son ouvrier, ni celui-ci des difficultés que peut présenter l'exécution du travail.

Le Conseil, néanmoins, pourra toujours tenir compte des circonstances particulières de fait invoquées par les parties en faveur de leurs prétentions.

APPROBATION DU JUGEMENT DU 10 FEVRIER 1897

Dans l'industrie du bâtiment, si, au moment de l'embauchage, le patron et l'ouvrier n'ont pas déterminé le salaire de ce dernier, ils doivent le faire lors de la première paie qui suivra, et, au plus tard, dans la quinzaine. Le patron qui ne provoquera pas une entente à cet effet s'exposera à se voir condamner au maximum du prix payé dans le chantier où l'ouvrier travaille.

Il eût été difficile, on en conviendra, d'adopter des résolutions plus libérales. Or, au point de vue juridique, sauf une réserve à faire en ce qui concerne la troisième (Règlements d'ateliers et de chantiers), rédigée peut-être en termes un peu trop absolus (1), on ne peut que les approuver.

Il en est deux surtout qui me paraissent remarquables et sur lesquelles je demande au lecteur la permission d'insister.

La loi du 27 décembre 1890, modifiant et complétant l'article 1780 du Code civil, ne brille pas, on le sait, par la clarté. Deux dispositions essentielles la résument : d'une part, bien que le louage de services, lorsqu'il est fait sans détermination de durée, puisse toujours cesser par la volonté de l'une des parties contractantes, cependant « la résiliation, du fait d'un des contractants, peut donner lieu à des dommages-intérêts » ;

(1) Voir dans le présent ouvrage (p. 46 et suivantes), le jugement du Tribunal de Commerce de Reims et l'arrêt de la Cour de Cassation, l'un contraire, l'autre plutôt favorable à la décision prise par le Conseil de Prud'hommes de Reims.

d'autre part, « les parties ne peuvent renoncer par avance au droit éventuel de demander des dommages-intérêts, en vertu des dispositions ci-dessus ». Que faut-il entendre par là ? Comment l'exercice d'un droit, reconnu par la loi, peut-il exposer à des dommages-intérêts ? Et, si l'on peut renoncer à l'avance au droit d'en obtenir, faut-il donc comprendre que toutes les clauses relatives aux délais de congé sont, de droit, illicites ? A ces questions, dont j'indique seulement les principales, mais qui devaient fatalement se poser, les prudents législateurs se sont bien gardés de répondre. Tous, d'un touchant accord, ont proclamé que, pour débrouiller ce chaos, ils s'en remettaient à la sagesse des tribunaux. Et, en effet, les tribunaux se sont mis à l'œuvre ; cours de cassation en tête, ils ont fait sortir quelque chose d'à peu près clair de cette terrible bouteille à l'encre.

On a fini par admettre que, si la loi autorisait chacune des parties à résilier le contrat, c'était cependant sous cette condition : qu'aucune d'elles ne devait faire, de ce droit, un usage abusif et préjudiciable à l'autre. Chacun a le droit de dénoncer le contrat, mais encore faut-il, pour qu'il échappe à l'obligation de payer des dommages-intérêts, qu'il agisse en vertu d'un motif légitime, et non pour le plaisir de nuire, ou même par simple fantaisie. Quant aux clauses relatives aux délais de congé, il est admis qu'elles sont valables, le nouvel article 1780 interdisant seulement les renonciations générales au droit de demander des dommages-intérêts, et non pas les renonciations partielles, comme la suppression du délai de prévenance ou la fixation de l'indemnité par des clauses pénales, pourvu que celles-ci soient sérieuses et ne servent pas de moyens détournés pour éluder la loi.

Voilà évidemment des règles sur lesquelles il est très heureux qu'on ait pu se mettre d'accord ; mais on devine aisément combien de questions de détail se présentent journellement, auxquelles elles ne sont pas directement applicables, ou plutôt, auxquelles elles ne peuvent être appliquées qu'après un examen très attentif. C'est ainsi que, dans nombre d'industries, l'usage ou les règlements d'atelier fixent un délai de prévenance de huit jours, en réalité une semaine, le plus souvent du lundi au samedi inclus. L'ouvrier congédié a donc, en pareil cas, toujours droit à son salaire de six jours (les dimanches ne comptant pas) vulgairement appelé huitaine. Mais est-ce là tout ? Ne peut-il pas, en outre, réclamer des dommages-intérêts s'il a été congédié sans motifs légitimes ?

Le Conseil de Prud'hommes de Reims a tranché la question dans le sens de l'affirmative, et il paraît que l'adoption de cette jurisprudence a fait beaucoup pour l'établissement d'un parfait accord entre ses membres. Or la solution est excellente au point de vue juridique. Un simple délai de prévenance ne saurait être assimilé à une clause pénale limitant le droit aux dommages-intérêts. L'article 1780 du Code civil conserve donc toute sa force, et l'action en dommages-intérêts subsiste, le cas échéant, au profit de l'ouvrier.

La seconde décision que je veux signaler est plus intéressante encore. C'est à elle que je songeais en disant que les Conseils de Prud'hommes pouvaient, par une action raisonnée, supprimer certaines pratiques vicieuses dont les ouvriers sont victimes.

C'est un usage assez répandu dans l'industrie du bâtiment, que l'ouvrier employé presque toujours à l'heure soit engagé par le patron sans que le prix de l'heure soit déterminé au moment de l'embauchage. Cet usage s'explique par ce fait qu'il n'y a pas de prix fixé pour telle ou telle catégorie d'ouvriers, que ceux-ci sont plus ou moins habiles dans l'exercice de leur profession et que le patron a besoin de connaître les aptitudes de son ouvrier pour déterminer son salaire. Mais il arrive parfois que, par suite d'une mutuelle négligence, le patron et l'ouvrier laissent passer le temps sans procéder à une entente, l'ouvrier recevant des acomptes et continuant à travailler sans que le prix de l'heure soit fixé. Lorsque vient enfin l'époque du règlement définitif, l'ouvrier demande le salaire le plus haut, le patron lui offre le plus bas ; un conflit s'élève qui peut, à première vue, embarrasser singulièrement les Prud'hommes. Ne peut-on pas dire, en effet, que les torts sont réciproques, que chacune des parties est coupable de négligence ? Et dès lors, comment régler le différend ? Il est à observer qu'une expertise, possible lorsqu'il s'agit de travaux à la tâche, ne l'est pas pour le travail à l'heure.

Le Conseil de Prud'hommes de Reims (1) a tranché dans le vif. « Dans » l'industrie du bâtiment, a-t-il déclaré, si, au moment de l'embauchage, » le patron et l'ouvrier n'ont pas déterminé le salaire de ce dernier, ils » doivent le faire lors de la première paie qui suivra, et, au plus tard, » dans la quinzaine. Le patron qui ne provoquera pas une entente à cet » effet s'exposera à se voir condamné au maximum du prix payé dans le » chantier où l'ouvrier travaille. »

C'est donc la prétention de l'ouvrier qui triomphe et le patron qui porte la peine de la négligence commune.

J'en demande pardon aux patrons qui pourraient contester cette décision, mais j'estime que le Conseil de Prud'hommes de Reims est absolument dans le vrai. Si, en effet, le patron et l'ouvrier sont l'un et l'autre en faute, la faute de l'ouvrier est excusable, tandis que celle du

---

(1) Comme on l'a vu plus haut, l'Assemblée générale du Conseil de Prud'hommes de Reims, en prenant la décision dont il est parlé au texte, ne fit qu'approuver un jugement qui avait été rendu antérieurement, par son Bureau général. Or, le jour où ce jugement fut rendu, le Bureau se trouvait, par le plus pur hasard, composé de deux juges ouvriers maçons et de deux juges patrons, entrepreneurs de bâtiments.

patron ne l'est pas. L'ouvrier n'a négligé que son propre intérêt, alors que le patron a méconnu son devoir. C'est à lui, en effet, que revient normalement l'initiative. Maître sur son chantier, il doit y faire régner l'ordre ; la situation irrégulière dont nous parlons lui est donc imputable, il doit en supporter les conséquences.

Est-il maintenant besoin d'insister pour montrer le but du présent ouvrage ?

Il s'agit de faire connaître aux autres ce que l'on a fait soi-même et les excellents résultats obtenus ; il s'agit de les engager à imiter une initiative heureuse, à l'étendre même, à faire mieux encore et de les y aider.

La séance du 8 mars 1897 est le point de départ; c'est, si l'on veut, le modèle à suivre, sauf les modifications que pourront exiger les conditions locales particulières.

Ce livre est fait pour seconder l'effort de ceux qui voudront entrer dans cette voie féconde. Il offre un ensemble de textes et de commentaires relatifs aux questions qui se présentent le plus souvent devant les Conseils de Prud'hommes. Avec beaucoup de sagesse, les auteurs n'ont pas prétendu élaborer un traité complet de législation ouvrière : ils sont allés au plus pressé, et leur grande expérience les a guidés sûrement dans le choix des sujets à traiter.

L'apprentissage, la rupture du contrat, dans les cas prévus par la loi du 27 Décembre 1890 et dans le cas de grèves; les règlements d'atelier; le marchandage..., voilà bien les sources trop abondantes à l'heure actuelle d'où sortent les principaux différends surgissant entre l'entreprise et le travail. Que les Conseils de Prud'hommes fixent leur jurisprudence sur ces difficultés multiples et un pas immense aura été fait. Le reste pourra venir plus tard.

C'est donc un moyen de travail que les auteurs de ce livre ont voulu offrir à leurs collègues des Conseils de Prud'hommes.

Ils s'attendent bien, sans doute, à ce que toutes les solutions qu'ils proposent ne soient pas unanimement adoptées. Qu'importe ! La diversité des opinions, pourvu que celles-ci ne s'appuient que sur un raisonnement impartial, ne peut qu'aider au progrès du droit. J'ose dire, d'ailleurs, que les divergences ne seront pas très nombreuses; les solutions proposées seront presque toujours adoptées, parce, presque toujours, elles sont excellentes.

Tel est ce livre, tel est son but. Reprochera-t-on à ses auteurs d'avoir nourri un espoir excessif? Je ne veux pas le croire. Il ne doit pas être excessif d'espérer que des hommes bien intentionnés se feront un devoir, ayant été éclairés, de sacrifier leurs passions à l'intérêt public. Un grand bien peut sortir de ce volume aux proportions modestes. Aussi, ai-je tenu à grand honneur d'avoir été choisi par ses auteurs pour le présenter au public. Puisse-t-il, comme je le souhaite de grand cœur, rencontrer partout le bon accueil qu'il mérite.

Il porte en lui, peut-être, le redressement d'une institution, dont la décadence ou la disparition serait un réel malheur pour la classe ouvrière.

P. BEAUREGARD.

AVANT-PROPOS

Ces notices avaient été écrites au début par quelques industriels et ouvriers qui composent ce Tribunal des humbles qu'on appelle Conseil de Prud'hommes. Pensant qu'elles pouvaient être de quelque utilité aux patrons et aux ouvriers dans leurs rapports journaliers, ils nous ont demandé de les livrer à la publicité.

Elles ne forment qu'un court résumé de la jurisprudence actuelle sur certaines questions qui ont fait l'objet de nombreuses discussions et de jugements et arrêts divers, avec quelques appréciations personnelles sur quelques points qui n'ont pas été soulevés, mais qui n'en sont pas moins une source de conflits dont quelques-uns ont une certaine importance, notamment en ce qui concerne les règlements d'atelier.

Nous nous sommes étendus, peut-être longuement, sur l'apprentissage, *mais cette matière, régie par une loi qui remonte à près d'un demi-siècle et pour ainsi dire inconnue, nous paraît être de la plus haute importance et influer considérablement sur l'avenir de ces enfants qui, en raison de leur faiblesse et la place déshéritée qu'ils occupent dans la Société, ont droit à toute la sollicitude de la loi et de ceux qui sont chargés de l'appliquer.*

Nous avons été frappés de l'ignorance où sont les apprentis et leurs parents de leurs obligations envers les patrons, et aussi de la coupable insouciance que trop de maîtres apportent à leur tour dans l'accomplissement de leurs devoirs. Il est cependant intéressant à plus d'un titre de définir nettement la situation de l'ouvrier à ses débuts et de développer chez lui le plus possible les qualités maîtresses d'ordre, d'épargne, d'énergie au travail, qui seront de plus en plus les conditions nécessaires de son bien-être futur. L'enfant est un être maniable et qui devient aisément ce qu'on le fait ; s'il est négligé dans les années d'apprentissage, il se ressent à l'âge d'homme des habitudes prises, des conditions défavorables du milieu, du peu de prévoyance de ceux qui avaient en somme assumé la tâche de le guider ; s'il est au contraire dirigé avec quelque sollicitude et quelque souci, si pour cela les droits de celui qui l'emploie sont précis et limités, il s'élève inévitablement dans l'ordre social. A côté de la Société protectrice de l'Enfance dont l'action est restreinte, il naîtra peut-être un jour une Société plus vaste, plus efficacement protectrice des enfants appelés à être des ouvriers. L'étude que nous donnons a été écrite sous l'empire d'une semblable préoccupation. Elle enseigne les devoirs des maîtres envers les apprentis, les obligations des parents envers leurs enfants et vis-à-vis des patrons à qui ils les ont confiés ; elle recherche enfin quelle doit être la conduite de l'apprenti dans l'atelier ou au chantier et quel est pour lui le chemin le plus sûr pour devenir plus tard un artisan habile, capable de coopérer pour sa part à la grandeur de ce pays.

Allant plus loin que cette préoccupation et accompagnant l'enfant au delà de l'apprentissage, nous avons cru opportun de faire suivre cette étude, non pas d'un travail raisonné, d'après des textes et des théories, sur les rapports des ouvriers et des patrons, mais de quelques conseils pratiques, dont l'application permettrait d'éviter bien des conflits et dont la nature est de faciliter l'union de deux classes, qui n'en font au demeurant qu'une seule, celle des travailleurs.

L'expérience nous a démontré que la plupart des malentendus naissent d'un sentiment d'amour-propre froissé, d'un orgueil souvent mal placé, et surtout d'une incomplète compréhension des engagements réciproques. Assurer d'une façon précise, et par des moyens à la portée de tous, les devoirs de l'un et de l'autre et les droits de chacun, c'est la façon la plus certaine de détruire dans leur germe les contestations et les différends; c'est tout au moins donner au patron et à l'ouvrier la facilité de régler eux-mêmes une cause qu'ils portent trop souvent par parti-pris devant un Tribunal.

Le mal de cette procédure serait peu de chose s'il s'agissait seulement de porter le différend devant un Tribunal comme le Conseil de Prud'hommes, dont les membres ne sont pas des juges au sens rigoureux du mot, lorsqu'ils ne sont que conciliateurs, mais qui, juges, doivent observer les formes et les règles de la procédure, et alors le mal s'étend et les conséquences sont plus regrettables lorsque ce même litige mène en Appel ou en Cassation une contestation née parfois de motifs futiles, qui s'aggrave au fur et à mesure qu'elle s'éloigne du point de départ. S'il est urgent à certaines heures qu'un frein supérieur vienne modérer des esprits trop larges, qu'un Tribunal d'en haut rectifie des décisions erronées, il y a des cas où ces décisions détruisent l'esprit d'initiative des premiers juges, les vrais en la matière, et font le fossé plus profond au lieu de le combler.

C'est par esprit d'équité, c'est dans un désir de voir de part et d'autre se resserrer des liens certainement existants d'estime et d'amitié réciproques, que nous offrons ces lignes aux Patrons et aux Ouvriers, sans autre ambition que de détruire certains préjugés, empêcher certaines susceptibilités de se produire, et faciliter les solutions promptes et surtout pacifiques.

CONTRAT D'APPRENTISSAGE

LOI DU 22 FÉVRIER 1851

DE LA NATURE ET DE LA FORME DU CONTRAT

ART. 1er. — Le contrat d'apprentissage est celui par lequel un fabricant, un chef d'atelier, ou un ouvrier s'oblige à enseigner la pratique de sa profession à une autre personne qui s'oblige, en retour, à travailler pour lui; le tout à des conditions et pendant un temps convenus.

ART. 2. — Le contrat d'apprentissage est fait par acte public ou par acte sous seing privé.

Il peut aussi être fait verbalement; mais la preuve testimoniale n'en est reçue que conformément au titre du Code civil des contrats ou des obligations conventionnels en général.

Les notaires, les secrétaires des conseils de prud'hommes et les greffiers de justices de paix peuvent recevoir l'acte d'apprentissage.

Cet acte est soumis pour l'enregistrement au droit fixe d'un franc, lors même qu'il contiendrait des obligations de sommes en valeurs mobilières, ou des quittances.

Les honoraires dus aux officiers publics sont fixés à deux francs.

ART. 3. — L'acte d'apprentissage contiendra :

1° Les nom, prénoms, âge, profession et domicile du maître;

2° Les nom, prénoms, âge et domicile de l'apprenti;

3° Les nom, prénoms, profession et domicile de ses père et mère, de son tuteur, ou de la personne autorisée par les parents, et, à leur défaut, par le juge de paix;

4° La date et la durée du contrat;

5° Les conditions de logement, de nourriture, de prix et toutes autres arrêtées entre les parties.

Il devra être signé par le maître et par les représentants de l'apprenti.

DES CONDITIONS DU CONTRAT

ART. 4. — Nul ne peut recevoir des apprentis mineurs, s'il n'est âgé de vingt et un ans au moins.

ART. 5. — Aucun maître, s'il est célibataire ou en état de veuvage, ne peut loger, comme apprenties, de jeunes filles mineures.

Art. 6. — Sont incapables de recevoir des apprentis :

Les individus qui ont subi une condamnation pour crime ;

Ceux qui ont été condamnés pour attentats aux mœurs ;

Ceux qui ont été condamnés à plus de trois mois d'emprisonnement pour les délits prévus par les articles 388, 401, 405, 406, 407, 408, 423 du Code pénal.

Art. 7. — L'incapacité résultant de l'article 6 pourra être levée par le préfet, sur l'avis du maire, quand le condamné, à l'expiration de sa peine, aura résidé pendant trois ans dans la même commune.

A Paris, les incapacités sont levées par le préfet de police.

DEVOIRS DES MAITRES ET DES APPRENTIS

Art. 8. — Le maître doit se conduire envers l'apprenti en bon père de famille, surveiller sa conduite et ses mœurs, soit dans la maison, soit au dehors, et avertir ses parents ou leurs représentants des fautes graves qu'il pourrait commettre, ou des penchants vicieux qu'il pourrait manifester.

Il doit aussi les prévenir sans retard, en cas de maladie, d'absence ou de tout autre fait de nature à motiver leur intervention.

Il n'emploiera l'apprenti, sauf conventions contraires, qu'aux travaux et services qui se rattachent à l'exercice de sa profession. Il ne l'emploiera jamais à ceux qui seraient insalubres ou au-dessus de ses forces.

Art. 9. — La durée du travail effectif des apprentis âgés de moins de quatorze ans ne pourra dépasser dix heures par jour.

Pour les apprentis âgés de quatorze à seize ans, elle ne pourra dépasser douze heures.

Aucun travail de nuit ne peut être imposé aux apprentis de moins de seize ans.

Est considéré comme travail de nuit tout travail fait entre neuf heures du soir et cinq heures du matin.

Les dimanches et jours de fêtes reconnues ou légales, les apprentis, dans aucun cas, ne peuvent être tenus, vis-à-vis de leur maître, à aucun travail de leur profession.

Dans le cas où l'apprenti serait obligé, par suite des conventions ou conformément à l'usage, de ranger l'atelier aux jours ci-dessus marqués, ce travail ne pourra se prolonger au delà de dix heures du matin.

Il ne pourra être dérogé aux dispositions contenues dans les trois premiers paragraphes du présent article que par un arrêté du préfet, rendu sur l'avis du maire.

Art. 10. — Si l'apprenti âgé de moins de seize ans ne sait pas lire, écrire et compter, ou s'il n'a pas encore terminé sa première éducation religieuse, le maître est tenu de lui laisser prendre, sur la journée de travail, le temps et la liberté nécessaires pour son instruction.

Néanmoins ce temps ne pourra excéder deux heures par jour.

Art. 11. — L'apprenti doit à son maître fidélité, obéissance et respect; il doit l'aider par son travail dans la mesure de son aptitude et de ses forces.

Il est tenu de remplacer, à la fin de l'apprentissage, le temps qu'il n'a pu employer par suite de maladie ou d'absence ayant duré plus de quinze jours.

Art. 12. — Le maître doit enseigner à l'apprenti, progressivement et complètement, l'art, le métier ou la profession spéciale qui fait l'objet du contrat.

Il lui délivrera à la fin de l'apprentissage un congé d'acquit ou certificat constatant l'exécution du contrat.

Art. 13. — Tout fabricant, chef d'atelier ou ouvrier, convaincu d'avoir détourné un apprenti de chez son maître pour l'employer en qualité d'apprenti ou d'ouvrier, pourra être passible de tout ou partie de l'indemnité à prononcer au profit du maître abandonné.

DE LA RÉSOLUTION DU CONTRAT

Art. 14. — Les deux premiers mois de l'apprentissage sont considérés comme un temps d'essai pendant lequel le contrat peut être annulé par la seule volonté de l'une des parties. Dans ce cas, aucune indemnité ne sera allouée à l'une ou à l'autre partie, à moins de convention expresse.

Art. 15. — Le contrat d'apprentissage sera résolu de plein droit :

1° Par la mort du maître ou de l'apprenti;

2° Si l'apprenti ou le maître est appelé au service militaire;

3° Si le maître ou l'apprenti vient à être frappé d'une des condamnations prévues en l'article 6 de la présente loi;

4° Pour les filles mineures, dans le cas de décès de l'épouse du maître ou de toute autre femme de la famille qui dirigeait la maison à l'époque du contrat.

Art. 16. — Le contrat peut être résolu sur la demande des parties ou de l'une d'elles :

1° Dans le cas où l'une des parties manquerait aux stipulations du contrat;

2° Pour cause d'infraction grave ou habituelle aux prescriptions de la présente loi;

3° Dans le cas d'inconduite habituelle de la part de l'apprenti;

4° Si le maître transporte sa résidence dans une autre commune que celle qu'il habitait lors de la convention.

Néanmoins, la demande en résolution fondée sur ce motif ne sera recevable que pendant trois mois à compter du jour où le maître aura changé de résidence.

5° Si le maître ou l'apprenti encourait une condamnation emportant un emprisonnement de plus d'un mois;

6° Dans le cas où l'apprenti viendrait à contracter mariage.

Art. 17. — Si le temps convenu pour la durée de l'apprentissage dépasse le maximum de la durée consacrée par les usages locaux, ce temps peut être réduit ou le contrat résolu.

DE LA COMPÉTENCE

Art. 18. — Toute demande à fin d'exécution ou de résolution de contrat sera jugée par le Conseil de Prud'hommes dont le maître est justiciable, et, à défaut, par le juge de paix du canton.

Les réclamations qui pourraient être dirigées contre les tiers, en vertu de l'article 13 de la présente loi, seront portées devant le Conseil de Prud'hommes ou devant le Juge de paix du lieu de leur domicile.

Art. 19. — Dans les divers cas de résolution prévus en la section 4 du titre 1er, les indemnités ou les restitutions qui pourraient être dues à l'une ou à l'autre des parties seront, à défaut de stipulation expresse, réglées par le Conseil de Prud'hommes, ou par le Juge de paix dans les cantons qui ne ressortissent point à la juridiction d'un Conseil de Prud'hommes.

Art. 20. — Toute contravention aux articles 4, 5, 6, 9 et 10 de la présente loi sera poursuivie devant le tribunal de police, et punie d'une amende de cinq à quinze francs.

Pour les contraventions aux articles 4, 5, 9 et 10, le tribunal de police pourra, dans le cas de récidive, prononcer, outre l'amende, un emprisonnement d'un à cinq jours.

En cas de récidive, la contravention à l'article 6 sera poursuivie devant les tribunaux correctionnels, et punie d'un emprisonnement de quinze jours à trois mois, sans préjudice d'une amende qui pourra s'élever de cinquante francs à trois cents francs.

Art. 21. — Les dispositions de l'article 463 du Code pénal sont applicables aux faits prévus par la présente loi.

Art. 22. — Sont abrogés les articles 9, 10 et 11 de la loi du 22 germinal an XI.

DE L'APPRENTISSAGE

L'apprentissage est l'étude que fait un individu, généralement mineur, chez un maître ou patron, sous sa surveillance et son enseignement, des connaissances théoriques et pratiques qui lui permettront à un moment donné d'exercer une profession, un métier, un art manuels, et même de l'enseigner à son tour.

Pour arriver à ce résultat le maître et l'apprenti passent ensemble un véritable contrat verbal ou écrit, d'où naissent des obligations et des devoirs réciproques.

Ces obligations et ces devoirs ont été réglés par la loi du 2 février 1851, et la connaissance des difficultés qui peuvent surgir dans l'exécution du contrat a été attribuée aux Conseils de Prud'hommes et, à leur défaut, aux Juges de Paix.

Cette loi a déterminé la forme, la nature et les conditions du contrat, les devoirs des maîtres et des apprentis et les causes de résolution ; mais dans la pratique bien des questions se présentent qui n'ont point été résolues par le législateur ; ce sont ces questions que nous nous proposons d'examiner en nous appuyant sur les auteurs autorisés qui ont traité cette matière, notamment MM. Mollot, Hayem et Périn, et les rédacteurs des Pandectes françaises.

I

DE LA NATURE ET DE LA FORME DU CONTRAT D'APPRENTISSAGE

Le contrat d'apprentissage, dit l'article premier, est celui par lequel *un fabricant ou un chef d'atelier ou un ouvrier s'oblige à enseigner la pratique de sa profession à une autre personne qui s'oblige, en retour, à travailler pour lui, le tout à des conditions et pendant un temps convenus.*

L'article 12 ajoute : *Le maître doit enseigner à l'apprenti progressivement et complètement l'art, le métier ou la profession spéciale qui fait l'objet du contrat.*

Ces deux articles pourraient être confondus en un seul et on pourrait définir ainsi le contrat d'apprentissage : *Le contrat d'apprentissage est celui par lequel un individu, artiste, fabricant, chef d'atelier ou ouvrier, s'oblige à enseigner complètement et progressivement la pratique de son art, de son métier ou de sa profession à un autre individu qui, en retour, s'oblige à travailler pour lui, le tout à des conditions et pendant un temps convenus.*

Et il ne faut pas confondre le contrat d'apprentissage avec cette convention, celle-ci véritable contrat de louage de travail, par laquelle des parents placent, pour un temps plus ou moins long, leur enfant mineur chez un maître qui le paie en raison de son travail ; la nature essentielle du contrat d'apprentissage est l'enseignement de la profession par le maître à l'apprenti.

Le contrat est écrit ou verbal.

Les personnes capables pour le recevoir sont les notaires, les greffiers de Justices de paix, les secrétaires de Conseils de Prud'hommes ; les parties elles-mêmes peuvent le faire sous seing privé.

II

DE LA CAPACITÉ DES PARTIES

Toutes personnes majeures et jouissant de leurs droits civils sont capables pour passer un contrat d'apprentissage, en qualité de maîtres.

Cependant la femme mariée, majeure ou émancipée par le mariage, et même séparée de biens, ne pourra le faire sans le consentement de son mari : mais il peut en être autrement de la femme négociante, séparée de biens et même de la femme commune en biens autorisée par son mari à faire le commerce ; le fait de prendre un apprenti est un acte commercial.

Il n'en va pas ainsi du mineur émancipé, autorisé à faire le commerce ; la loi se montre excessivement soucieuse des intérêts moraux et matériels des incapables, elle frappe de lourdes responsabilités ceux à l'autorité desquels ils sont confiés, et dont ne peut être chargé un mineur encore incapable civilement ; l'article 4 doit donc être strictement appliqué.

Toutes personnes majeures peuvent s'engager comme apprentis.

Mais le mineur émancipé peut-il le faire ? On peut dire que le contrat d'apprentissage est un acte de pure administration ; le mineur ne s'engage que pour une durée de trois ou quatre années au maximum; il a la jouissance de ses revenus et peut les employer au paiement de son apprentissage; cependant, s'il lui fallait avoir recours à son capital pour payer cet apprentissage, il devrait demander l'assistance de son curateur et l'autorisation du Conseil de famille; dans tous les cas, il peut exercer l'action en rescision pour cause d'erreur de sa part ou de dol de la part de son maître.

Le mineur non émancipé ne peut souscrire un contrat d'apprentissage ni comme maître ni comme apprenti; en conséquence, le contrat conclu entre un maître et un apprenti mineur est nul de plein droit.

Les personnes capables de traiter pour le mineur sont :

Le père et la mère, et cette dernière, si elle est mariée, avec l'autorisation de son mari, ainsi qu'on l'a vu plus haut; mais si le père a disparu, la mère seule, par application des dispositions de l'article 141 du Code civil, pourra valablement passer un contrat au nom de son enfant mineur, et, dans ce dernier cas, il a été jugé par le Conseil de Prud'hommes de Lyon (4 octobre 1871) qu'à son retour le père était tenu de respecter le contrat signé par sa femme en son absence, et serait passible de dommages-intérêts envers le patron s'il voulait résilier le contrat avant l'expiration fixée.

Le tuteur, sans qu'il ait besoin de l'autorisation du Conseil de famille. C'est, en effet, un acte d'administration de la personne et des biens du mineur; si cependant le prix de l'apprentissage était élevé par rapport à la fortune du mineur, le tuteur ferait bien de demander l'autorisation du Conseil de famille; mais ce défaut d'autorisation ne vicierait pas le contrat; seul le tuteur pourrait avoir engagé sa responsabilité personnelle pour avoir pris des engagements excessifs au nom du mineur.

Le mineur peut avoir d'autres représentants légaux, notamment toutes personnes autorisées par les parents, et, à leur défaut, par le Juge de Paix, et enfin le Juge de Paix lui-même; mais dans le cas où le mineur a des parents vivants, nous pensons que le Juge de paix n'est autorisé à faire représenter l'enfant par une personne de son choix que lorsque les parents ne veulent absolument pas ou ne peuvent, pour cause d'incapacité morale ou légale, se charger du soin des intérêts de leurs enfants.

Si le mineur est enfant naturel, il peut être représenté par celui de ses père et mère qui l'a reconnu. Si le père et la mère l'ont reconnu tous deux, faudra-t-il donner la préférence au père? La situation de l'enfant naturel est toute différente de celle de l'enfant légitime : il n'a pas de famille, et s'il a des parents dans le père et la mère qui l'ont reconnu, il n'y a entre ceux-ci aucun lien légal; nous pensons donc qu'en cas de désaccord entre ces parents la préférence doit être donnée à celui des deux qui l'aura reconnu le premier, ou qui l'aura élevé, instruit, aura pourvu à tous ses besoins, en un mot aura rempli envers lui les devoirs naturels de la paternité.

Si enfin le mineur est un enfant trouvé, placé dans un asile, un hospice, un établissement de charité ou de bienfaisance, le Président du Conseil d'administration ou la personne désignée par le Conseil pourra valablement stipuler au nom du mineur.

Le but de la loi est de prémunir les mineurs contre leur faiblesse et leur inexpérience, de les conduire jusqu'à leur majorité, et de préparer leur avenir en les plaçant sous l'autorité ou sous la direction de personnes présentant toutes garanties d'honnêteté, de moralité et de solvabilité, et en cas de discussion, c'est dans ces garanties que le juge devra chercher les éléments de la décision qu'il est appelé à rendre en cas de contestation sur la capacité de la personne qui a traité au nom du mineur.

Il est admis en jurisprudence qu'au cas de désaccord entre le père et la mère légitimes, celle-ci, en invoquant l'article 219 du Code civil, peut faire citer son mari devant le Tribunal de première instance et demander l'autorisation refusée par le mari; c'est qu'en effet l'intérêt de l'enfant mineur est en jeu, et dans le cas où ces intérêts sont en souffrance par suite de la négligence ou de la mauvaise volonté de son père, on ne peut refuser à la mère le droit de sauvegarder l'intérêt de son enfant et, pour cela, de recourir à la justice.

En cas de divorce ou même de séparation de corps, on admet généralement que l'époux à qui est confiée la garde des enfants a le droit de choisir la profession et le maître.

III

DE LA FORME DU CONTRAT

L'article 2 fait connaître que le contrat d'apprentissage peut être dressé par *un officier public, notaire, greffier ou secrétaire des Prud'hommes, ou peut être fait par acte sous seing privé.*

Dans le premier cas, il est authentique; il est rédigé en minute et une expédition est remise à chacune des parties; dans le second cas, il est fait en autant d'originaux qu'il y a de parties ayant un intérêt distinct.

L'article 3 prescrit les énonciations essentielles que doit contenir le contrat, sans qu'il y ait lieu de distinguer s'il est authentique ou sous seing privé. Il ne frappe pas de nullité le contrat qui présenterait l'omission d'une de ces énonciations; nous ferons seulement remarquer que la mention de l'âge du maître et de l'apprenti peut avoir une certaine importance. La première a pour but de faire connaître si le maître est capable ou non, par suite de majorité ou de minorité, de recevoir des apprentis; l'autre, si les travaux que le maître exige de l'apprenti sont en rapport avec son âge.

IV

DES CONDITIONS DU CONTRAT

DE LA DURÉE

Le législateur n'a assigné aucune durée au contrat d'apprentissage; cette durée est débattue et fixée par les parties de gré à gré, et varie selon les usages, selon la nature de la profession, l'âge de l'apprenti, le prix qu'il paie au maître, et les diverses autres considérations qui influent sur tous les traités.

Cependant l'article 17 porte que si le temps convenu pour la durée de l'apprentissage dépasse le maximum de la durée consacrée par les usages locaux ce temps peut être réduit ou le contrat résolu.

Une pareille convention constitue en effet une véritable lésion au préjudice de l'apprenti; elle intéresse l'ordre public en frappant la liberté, et pour ainsi dire l'existence de l'apprenti.

S'il y a contestation sur la durée de l'apprentissage, il doit d'abord être tenu compte de l'usage; mais que décider s'il n'y a pas d'usage, ou si l'usage est contesté par le maître ou l'apprenti?

On sait que dans les contrats purement conventuels la preuve testimoniale ne peut être admise que jusqu'à concurrence de cent cinquante francs. La preuve testimoniale ne saurait être faite sur la durée d'un apprentissage, la valeur d'un tel fait juridique étant indéterminée; il doit cependant être fait exception à ce principe lorsqu'il existe un commencement de preuve par écrit, ou lorsque celui qui invoque le contrat a perdu le titre qui lui servait de preuve littérale par suite d'un cas fortuit, imprévu ou résultant d'une force majeure (Articles 1347 et 1348).

Nous examinerons plus loin sous le titre « Preuves du Contrat » les différents moyens d'établir la preuve soit du contrat lui-même, soit de certaines des conditions du contrat.

La loi de 1851 n'a restreint la liberté des parties qu'alors que le prix de l'apprentissage consiste en temps; elle n'a pas voulu, en effet, que la liberté de l'apprenti, son temps, son travail, ses forces puissent devenir, de la part du maître, l'objet d'un trafic odieux. Toutefois il convient d'admettre que lorsque le prix de l'apprentissage ne consiste qu'en temps seulement, la durée de l'apprentissage doit être plus longue; il est équitable en effet que le maître puisse, lorsque l'apprenti sera en état de lui rendre de véritables services, profiter pendant un certain temps de ses services, comme compensation du temps qu'il a passé, des soins qu'il a donnés, des pertes qu'il a pu subir à raison des malfaçons de l'apprenti.

Ce temps variera donc suivant que le métier sera plus ou moins difficile, plus ou moins lucratif, ou que le maître aura dû loger, nourrir et entretenir l'apprenti.

Il est extrêmement difficile d'assigner une durée minimum ou maximum à l'apprentissage; Mollot dit que la durée ordinaire de l'apprentissage dans le plus grand nombre de professions est de cinq à six ans. Ce qui pouvait être exact il y a cinquante ans, ne l'est plus aujourd'hui; les progrès de la mécanique depuis un demi-siècle ont considérablement simplifié la main-d'œuvre, et à part quelques professions qui rentrent plus particulièrement dans le domaine de l'art, on peut dire que la durée maximum de l'apprentissage est de trois ou quatre années.

La nature de la profession, les circonstances particulières de la cause, les usages, pourront en cas de différend, guider les juges dans l'appréciation qu'ils auront à faire de la durée du contrat, et leur permettront soit de la réduire, soit de résilier le contrat, comme ils y sont autorisés par la loi de 1851.

DU PRIX DE L'APPRENTISSAGE

Le prix de l'apprentissage peut consister soit en argent, soit en travail, soit en argent et en travail réunis, les parties ont à cet égard toute liberté, sauf, en ce qui concerne le temps, les restrictions apportées par les articles 9 et 17, et les obligations imposées aux patrons par la loi du 2 novembre 1892 sur le travail des mineurs dans les manufactures.

Les services que le maître rend à l'apprenti par l'enseignement de sa profession peuvent avoir comme équivalent ou le temps et le travail de cet apprenti, ou l'argent que celui-ci s'engage à lui verser; par réciprocité, les services que l'apprenti rend au maître dont il apprend le métier se compensent avec le temps que le maître emploie à enseigner, ou l'argent que ce dernier doit lui verser en échange de son travail et de ses services.

Lorsque le contrat est arrivé à son terme ou a été rompu d'un commun accord, pendant combien de temps les parties pourront-elles en réclamer le prix ? En d'autres termes, par quel laps de temps se prescrit l'action du maître et de l'apprenti ?

S'il y a promesse écrite, l'action de l'un ou de l'autre se prescrit par trente ans conformément à l'article 2262, C. C.

Mais en présence de conventions verbales, nous pensons qu'il y a lieu de distinguer entre l'action du maître et celle de l'apprenti.

En ce qui touche l'action du maître, l'article 2272, § 4 est formel :

Celle (l'action) des maîtres de pension pour la pension de leurs élèves et des autres maîtres pour le prix de l'apprentissage, se prescrit par un an. Quant à l'action de l'apprenti et malgré l'inégalité de situation qui en résultera pour lui, nous pensons qu'elle aura une durée plus courte ; elle sera régie par l'article 2271 Code civil, aux termes duquel « l'action des ouvriers et gens de travail pour le paiement de leurs journées, fournitures et salaires, *se prescrit par six mois.* »

Qu'est-ce qu'un apprenti, sinon un ouvrier à temps? Si nous consultons M. Mollot, il nous dira : « Les ouvriers à temps sont ceux qui, dans les fabriques et pour toutes les professions industrielles, louent leurs services à la journée, à la huitaine, à la quinzaine, au mois ». Ailleurs : « Le contrat d'apprentissage tient du louage d'ouvrage et d'industrie en ce que l'élève engage son temps et son travail au maître. » Nécessairement il ne l'engage que pour un temps déterminé, et que ce soit à la huitaine ou à l'année, la durée ne change pas la nature des services engagés. Si donc nous rapprochons les deux définitions données par M. Mollot de l'ouvrier à temps et du contrat d'apprentissage, et si nous remarquons que l'article premier de la loi de 1851 dit que l'apprenti « *s'oblige à travailler pour le maître* », on verra, ainsi que l'établissent MM. Hayem et Périn, que c'est aux mêmes signes et aux mêmes actes qu'on reconnaît la qualité d'apprenti et d'ouvrier.

En vain on prétendrait aussi que l'action de l'un ou de l'autre se prescrit par cinq ans en raison de ce que le prix de l'apprentissage se paie par fractions périodiques. A cela nous répondrons avec les auteurs déjà cités, que cette prescription s'applique à des sommes fixes payables par année ou à des termes plus courts, et que le prix d'apprentissage est la représentation d'un salaire acquis ou de soins donnés, par conséquent essentiellement variable, et n'a pas le caractère régulier et périodique voulu par l'article 2277 du Code civil.

DE LA PREUVE DU CONTRAT

Ainsi que nous l'avons dit, la preuve testimoniale de la durée d'un contrat ne peut être admise au delà de 150 fr.; toutefois il y a exception quand il y a commencement de preuve écrite ou impossibilité matérielle de se procurer la preuve littérale du contrat.

Quels sont donc les moyens légaux que peuvent employer les parties pour justifier l'existence du contrat ou l'une des clauses de ce contrat?

Les *Pandectes françaises*, au titre *Apprentissage*, indiquent tout d'abord l'interrogatoire sur faits et articles. L'article 324 du Code de procédure civile porte en effet que : « *Les parties peuvent en toute matière et en tout état de cause, demander à se faire interroger respectivement sur faits et articles pertinents concernant seulement la matière dont il est question.* » Cette disposition, conçue en termes généraux, peut être employée, avec profit, devant les Conseils de Prud'hommes ; c'est une procédure qui paraît de nature à amener la conciliation sur laquelle est basée cette institution.

Bien que l'interrogatoire sur faits et articles ne puisse avoir lieu qu'entre parties, à l'exclusion des tiers, on s'est demandé si l'on peut interroger des personnes qui sont intéressées dans la cause sans être parties dans le sens propre du mot, et MM. Hayem et Périn, se fondant sur la doctrine consacrée par la jurisprudence et qui consiste à interroger la femme, commune dans toutes les affaires qui concernent son mari, MM. Hayem et Périn, disons-nous, émettent l'avis que la femme pourra être interrogée sur faits et articles relatifs soit au contrat d'apprentissage, soit à l'apprentissage, parce qu'au besoin elle remplace son mari, et qu'à son défaut ou en son absence, elle a le pouvoir dont il jouit et peut l'exercer.

De même, et dans le cas où l'apprenti mineur est en tutelle, le subrogé-tuteur et le co-tuteur pourront être interrogés.

L'article 1356 du Code civil fournit un autre moyen de preuve dans l'aveu judiciaire, c'est-à-dire dans la déclaration que fait la partie ou son fondé de pouvoir en justice, dans l'espèce, devant le Conseil de Prud'hommes et pour les localités où il n'en existe pas, devant le Juge de Paix.

L'aveu fait pleine foi contre celui qui l'a fait; il ne peut être divisé contre lui. Il ne peut être révoqué à moins qu'on ne prouve qu'il a été la suite d'une erreur de fait. Il ne pourrait être révoqué sous prétexte d'une erreur de droit.

L'aveu judiciaire est indivisible; c'est-à-dire qu'on ne peut demander acte d'un fait et en rejeter un autre allégué en même temps; il faut l'admettre pour le tout dans son ensemble ou renoncer à s'en prévaloir.

Toutefois cela doit s'entendre de l'aveu fait une seule fois dans une circonstance unique.

Un autre mode de preuve orale consiste dans le serment judiciaire décisoire ou d'office, établi par les articles 1358 et suivants et 1366 et suivants du Code civil.

Le serment décisoire peut être déféré *sur quelque contestation que ce soit, en tout état de cause, mais sur un fait personnel seulement et encore qu'il n'existe aucun commencement de preuve.*

Le serment d'office *est déféré par le juge, mais dans deux cas seulement :*

1° Lorsque la demande en l'exception n'est pas pleinement justifiée ;

2° Lorsqu'elle n'est pas totalement dénuée de preuves.

Le fait de déférer le serment d'office nous paraît extrêmement délicat, et nous croyons que le juge ne doit recourir à ce moyen qu'à défaut d'autres et lorsque les différentes circonstances de la cause paraissent militer en faveur d'un fait qui ne peut être prouvé juridiquement que par l'affirmation solennelle d'une des parties.

Enfin le juge, en l'absence de toute autre preuve, peut recourir aux présomptions, telles qu'elles sont définies par les articles 1350 et 1353 du Code civil. Les présomptions légales, c'est-à-dire attachées par la loi à certains actes et à certains faits, comme la nullité d'un acte fait en fraude de la loi, l'autorité de la chose jugée, la force donnée à l'aveu de la partie ou à son serment. Les présomptions simples, c'est-à-dire résultant de l'ensemble des faits et des circonstances : elles doivent être graves, précises, concordantes et sont abandonnées aux lumières et à la prudence des juges.

On a agité la question de savoir si le contrat d'apprentissage n'était pas un acte commercial à l'égard du maître et de l'apprenti, ou du premier seulement, et si comme tel, il ne permettait pas d'employer les différents modes de preuves indiquées par l'article 109 du Code de Commerce.

A l'égard du mineur, à moins qu'il ne soit émancipé et autorisé à faire le commerce, le contrat d'apprentissage est purement civil ; on pourrait le considérer comme acte de commerce à l'égard du maître, mais il en résulterait que l'apprenti se trouverait dans une situation bien moins avantageuse que celui-ci ; et d'ailleurs en édictant que la preuve testimoniale ne peut être reçue que conformément au titre du Code civil, l'article 2 de la loi de 1851 paraît donner au contrat d'apprentissage un caractère purement civil.

Nous ne pouvons terminer cette étude sur la preuve sans relater un jugement du Conseil de Prud'hommes de Paris, du 5 janvier 1875, décidant que le maître doit être cru sur son affirmation, lorsque dans une contestation au sujet de la durée de l'apprentissage, le père de l'apprenti, après avoir reconnu dans le bureau de conciliation que l'apprentissage devait être de trois années, a prétendu qu'aucune convention d'apprentissage n'avait eu lieu.

Sans vouloir critiquer la décision des Prud'hommes de Paris, sans examiner la question, d'ailleurs très controversée, de savoir si la déclaration ou l'aveu de la partie devant le bureau de conciliation peut être retenue devant le Bureau général, nous pensons qu'il n'est pas prudent d'appliquer l'article 1781 du Code civil aux contrats d'apprentissage. Outre que cet article paraît viser surtout les domestiques et gens de maison, cette disposition, vestige de l'ancien droit coutumier, constitue un privilège exorbitant au profit du maître et n'est plus en rapport avec nos mœurs et les principes d'égalité qui régissent la Société actuelle.

DES DEVOIRS DU MAITRE

Les articles 8 et 12 de la loi de 1851 déterminent les obligations du maître.

Il doit se conduire en bon père de famille, surveiller la conduite et les mœurs de l'apprenti, avertir les parents de celui-ci des fautes graves qu'il pourrait commettre ou de ses mauvais penchants.

Le maître doit se conduire en bon père de famille. Cette obligation dérive du droit qu'a l'enfance ou la jeunesse de trouver partout aide et protection contre sa faiblesse, son inexpérience et même ses mauvais penchants. Le père de famille que sa situation oblige à se séparer de son enfant à l'âge où la transformation physique et morale s'opère chez celui-ci, a le droit d'attendre de celui à qui il le confie, qui le remplacera, sinon complètement, du moins dans la plus large mesure possible, les soins et la surveillance dont son enfant aura besoin.

Le maître sera donc bon avec son apprenti; il lui donnera des conseils, le réprimandera s'il le faut ; il pourra être sévère, mais jamais ni grossier, ni brutal, et si ses conseils ou ses réprimandes n'aboutissent à aucun résultat, son devoir est d'en avertir les parents ou ceux sous l'autorité immédiate desquels il est placé par la loi.

Le maître a-t-il le droit de châtier l'apprenti et de lui infliger des punitions ou des corrections? On peut admettre que le maître pourra user à l'occasion de la correction légère, infligée avec l'intention de ne pas blesser, mais en tant qu'elle ne se répétera que rarement et sera motivée par l'attitude inconvenante de l'apprenti. C'est la cause des difficultés les plus nombreuses qui surgissent au cours de l'apprentissage; la vérité est souvent difficile à établir, et nous pensons que le meilleur moyen à employer par le maître, comme aussi le plus efficace, est la punition consistant à le retenir tout ou partie d'un jour de sortie, à le priver de certains plaisirs promis ou d'une gratification donnée en récompense de bons services.

Mais il est interdit au maître d'user de mauvais traitements, et si l'apprenti se montre par trop insoumis ou insolent, il doit en avertir les parents ou même demander la résiliation du contrat aux torts de l'apprenti.

Et il ne s'agit pas seulement du maître personnellement, mais aussi de membres de sa famille, des autres ouvriers de l'atelier, de ceux enfin dont ce maître peut être responsable.

Ce droit de correction, qui appartient au père et à la mère, et seulement dans une certaine limite, comme attribut de la puissance paternelle, ne peut pas être délégué par eux au maître, et alors que les parents auraient autorisé le maître à corriger leur enfant, celui-ci ne doit user de cette autorisation qu'avec la plus grande réserve, et de préférence demander, comme nous venons de le dire, la résiliation du contrat.

Le maître devra veiller à ce que l'apprenti ne soit pas exposé aux grossièretés ou aux brutalités de ses subordonnés, qu'il n'en soit point le jouet ou la risée, qu'il ne serve pas d'intermédiaire pour des correspondances plus ou moins intimes, qu'il ne soit pas le témoin de paroles ou d'actes de nature à compromettre son innocence et sa moralité, qui le familiariseraient avec le mal et feraient naître ou développeraient en lui de mauvais penchants.

Mais c'est surtout lorsque le maître a comme apprentie une jeune fille que cette surveillance doit être plus sévère, plus étroite, plus constante. Le maître ou sa femme doit entendre les chants ou les conversations des ouvriers ou ouvrières entre elles, surveiller les rapports auxquels peut donner lieu entre les deux sexes le travail de l'atelier, et surtout prendre des mesures pour que l'occasion ne s'en présente que le plus rarement possible. En principe, le maître qui a des fils ne devrait pas pouvoir coucher une apprentie dans sa maison.

Cette surveillance ne doit pas s'exercer seulement dans la maison du maître, mais encore en dehors de chez lui; toutefois, en dehors de conventions spéciales, la responsabilité du maître diminue et celle des parents augmente. Si l'apprenti ne couche point chez le maître et s'il doit s'y rendre chaque jour et en sortir à des heures déterminées, il appartient aux parents de surveiller leur enfant, et au maître de leur faire connaître les heures d'entrée et de sortie de l'atelier.

Le maître qui s'oblige à nourrir et à entretenir l'apprenti lui doit une nourriture suffisante et saine, un logement convenable, propre et salubre. Il lui doit ce qu'il doit à ses propres enfants, car l'apprenti n'est pas un domestique, mais seulement dans la mesure de ses moyens, conformément aux usages des lieux, aux habitudes des gens de sa profession. S'il a l'obligation ou la charge de le vêtir et le blanchir, le maître devra tenir à sa disposition des vêtements et du linge propres toutes les fois que le besoin s'en fera sentir, en tenant compte des nécessités du métier; en cas de difficultés les juges ont un pouvoir souverain d'appréciation.

Si l'enfant est victime d'un accident, dans quelques circonstances qu'il se produise, s'il tombe malade, le devoir du maître est de le soigner d'abord, ensuite d'en informer les parents.

Le maître est-il tenu de garder chez lui l'enfant blessé ou malade. Oui, s'il ne s'agit que d'une blessure légère ou d'une indisposition passagère; mais, comme son premier devoir est d'appeler un médecin, quelques jours suffiront à celui-ci pour établir son diagnostic, et si la maladie doit durer un certain temps, s'il n'a pas pris à ce sujet d'obligation formelle, ou si la maladie est contagieuse, nous sommes d'avis que le maître peut renvoyer l'apprenti à ses parents, ou sommer ceux-ci d'avoir à le reprendre, et faute par ces derniers de répondre, le placer dans un hospice, sauf à réclamer ensuite aux parents, dans le cas où l'accident ou la maladie ne peut lui être imputable, les frais qu'il a légitimement avancés.

DE L'ENSEIGNEMENT PROFESSIONNEL

Le maître doit enseigner à l'apprenti progressivement et complètement l'art, le métier ou la profession qui fait l'objet du contrat.

L'une des principales obligations résultant pour le maître du contrat d'apprentissage est l'enseignement de sa profession. Elle s'applique à tous les procédés généralement mis en usage dans cette profession et qui sont dans le domaine public.

Peut-il être tenu d'enseigner à son apprenti des procédés nouveaux ou particuliers à lui, différents de ceux employés dans la pratique ordinaire du métier, si c'est surtout à raison de ces procédés particuliers que les parents ont placé leur enfant chez tel maître, de préférence à tel autre? MM. Hayem et Périn émettent l'avis que si le contrat d'apprentissage est muet à cet égard, et si les parents n'établissent pas une convention formelle sur ce point, le maître n'est tenu que d'apprendre les procédés ordinaires.

A plus forte raison, l'apprenti ne peut prétendre être initié à des procédés de fabrication pour lequel le maître s'est fait breveter. Ces procédés particuliers peuvent constituer une partie du patrimoine du maître, ils lui appartiennent exclusivement et sortent des pratiques ordinaires de la profession qui, seules, font l'objet de l'apprentissage.

Le maître est-il tenu d'instruire lui-même l'apprenti? D'une part, la loi est muette sur ce point; de l'autre, il n'est pas interdit au maître d'avoir plusieurs apprentis; d'ailleurs sa profession peut exiger qu'il s'absente fréquemment pour diriger ou surveiller des travaux au dehors.

Il est donc généralement admis que celui-ci pourra se faire remplacer par un contremaître ou même un ouvrier, mais sous sa responsabilité personnelle.

L'enseignement doit être progressif et complet. Il est difficile dans une étude de cette nature de déterminer la façon dont l'enseignement doit être donné ; cet enseignement doit être laissé à l'initiative du maître et est subordonné aux difficultés du métier, aux aptitudes naturelles de l'apprenti, à sa bonne volonté, à son assiduité. En cas de contestation, les Prud'hommes seront plus que tous autres aptes à apprécier la méthode employée par le maître, à juger de l'intelligence ou de l'habileté de l'apprenti.

L'apprenti ne sera employé, sauf conventions contraires, qu'aux travaux et services qui se rattachent à l'exercice de sa profession. Il ne le sera jamais à des travaux insalubres ou au-dessus de ses forces.

Cette prescription de la loi est celle qui donne lieu aussi à de nombreuses difficultés. Il est d'un usage malheureusement trop répandu d'employer l'apprenti — nous parlons des garçons — à de petits travaux, à des occupations ou à des courses complètement étrangères à sa profession. La femme du maître en fait quelquefois un véritable domestique ; c'est ainsi qu'elle l'emploie à balayer, à laver sa maison, faire des courses pour le ménage, etc. Lorsque l'apprenti ne paie pas, les juges peuvent admettre à la rigueur que de temps à autre l'apprenti soit appelé à rendre tel ou tel petit service personnel à son maître comme compensation des pertes de marchandises ou de matières que son inexpérience, son inhabileté ou même sa maladresse peuvent lui causer. Lorsque, au contraire, l'apprenti paie, on ne doit pas tolérer qu'il soit occupé à d'autres travaux qu'à ceux de sa profession ou s'y rattachant, si ce n'est dans des occasions exceptionnelles ou au début de l'apprentissage et en tant que l'apprenti le fasse volontiers ou s'offre de le faire.

Pour les jeunes filles, les travaux de lavage, balayage, nettoyage auxquels elles sont parfois employées en dehors de leur métier et s'ils ne sont pas au-dessus de leurs forces, présentent un inconvénient moins grave ; ils sont en effet du ressort de la femme et peuvent les habituer à l'ordre et à la propreté ; c'est ainsi qu'on admet généralement que c'est à elles qu'incombe le soin de ranger et nettoyer l'atelier.

Mais il est un usage dont les conséquences sont bien autrement graves, adopté et admis dans certaines professions telles que couturières, modistes, lingères, blanchisseuses et repasseuses ; c'est celui qui consiste à envoyer l'apprentie chercher la marchandise chez le client ou la lui reporter après le travail de la journée. C'est l'heure de la sortie générale des bureaux, des magasins, des ateliers ; l'apprentie s'en va par les rues, exposée à toutes les rencontres, à toutes les entreprises; aussi combien n'en voyons-nous pas, dans nos grandes villes industrielles, de ces fillettes de 13 à 15 ans, arrêtées à la fin du jour dans les rues écartées et sombres, ou accompagnées ouvertement par des jeunes gens; c'est de là que naissent ces liaisons passagères qui bientôt envoient des pauvres fillettes garnir les rangs de la débauche et de la prostitution.

Le préjudice matériel ou moral qui résulte pour l'apprenti de ces habitudes ou de ces usages ne le frappe pas seul; lorsque, par suite de son silence, par suite même d'une coupable négligence ou indifférence de ses parents, il arrive au terme de son apprentissage, après avoir perdu un temps considérable, l'apprenti souvent ne connaît pas son métier; au lieu de venir en aide à sa famille, qui pendant plusieurs années s'est privée de ses services ou a fait pour lui des sacrifices, il devient une charge, quelquefois même un fléau. Arrivé à l'âge de l'effervescence, il supporte mal les remontrances paternelles, va d'atelier en atelier sans pouvoir se fixer nulle part, contracte de mauvaises habitudes, quitte le foyer de famille pour vivre dans la misère et dans la débauche.

Les Conseils de Prud'hommes ne sauraient donc se montrer trop sévères dans l'appréciation des faits de cette nature qui leur sont soumis.

L'apprenti ne peut être employé à des travaux insalubres ou au-dessus de ses forces.

La santé de l'enfant est une question dont l'importance et la gravité ne pouvaient échapper au législateur; il a interdit au maître de faire faire ou d'imposer à l'apprenti un travail insalubre, c'est-à-dire nuisible à sa santé ou au-dessus de ses forces.

Depuis l'âge de 12 ans jusqu'à celui de 14 ans révolus, dit le décret du 13 mai 1875, les enfants ne peuvent être chargés sur la tête ou sur le dos d'un poids supérieur à 10 kilogr. De 14 à 16 ans révolus, ils ne peuvent dans les mêmes conditions recevoir des charges de plus de 15 kilogr.

De 12 à 16 ans, ils ne peuvent traîner des charges exigeant des efforts supérieurs à ceux qui correspondent aux poids ci-dessus.

Les enfants au-dessous de 16 ans ne pourront être employés à tourner des roues verticales, utilisées comme producteurs de force motrice, que pendant une durée d'une demi-journée de travail, divisée par un repos d'une demi-heure au moins.

Le décret de 1875 a été abrogé par la loi du 2 novembre 1892; mais il peut servir d'indication en cas de contestation sur la force physique des enfants en général.

Par suite, le patron qui impose à l'apprenti des travaux et des fatigues excessifs pour son âge et ses forces est passible de dommages-intérêts.

De même, lorsque l'apprenti a été blessé à l'atelier de son patron dans l'exercice de son travail par une machine dangereuse et par suite du défaut de surveillance du patron qui l'avait chargé de travailler à cette machine, ce dernier lui doit une indemnité.

Le chef d'industrie qui emploie des enfants dans ses ateliers doit prendre certaines mesures précises et déterminées. La loi précitée de 1875 interdisait au patron d'employer les enfants au-dessous de 16 ans au graissage, au nettoyage ou à la réparation des machines ou mécanismes en marche. L'article 14 de la loi du 2 novembre 1892 l'oblige à munir d'appareils protecteurs les courroies, engrenages ou tout autre organe pouvant offrir une cause de danger, de manière que l'approche n'en soit possible que pour les besoins du service. Il ne suffit pas en effet que le travail dont est chargé l'enfant ne soit pas dangereux par lui-même, il faut que dans le milieu où s'exécute le travail il soit à l'abri de toute cause d'accident produit par le mouvement des machines. Si un organe de transmission, tel qu'une courroie, ne peut pas être suffisamment protégé, s'il n'est pas possible d'en arrêter instantanément la marche, l'apprenti ne doit pas avoir son travail dans le voisinage de cet organe, et alors que le travail en est éloigné, le maître doit lui bien défendre de s'en approcher et veiller à ce qu'il n'enfreigne pas ses ordres. Pour ne pas observer ces règles, il commet une imprudence dont il est responsable.

Pour terminer ce chapitre de l'enseignement professionnel nous ajouterons que les lois et décrets des 31 octobre 1882, 3 novembre 1882, 16 février 1883, 14 mai 1888 et 2 novembre 1892, sur le Travail des Enfants et Filles mineures dans les Manufactures sont applicables aux apprentis.

DES DEVOIRS DE L'APPRENTI

L'apprenti doit à son maître fidélité, obéissance et respect; il doit l'aider par son travail dans la mesure de son aptitude et de ses forces.

Si, en recevant un apprenti chez lui, le maître contracte des obligations qu'il doit tenir rigoureusement, de son côté, l'apprenti a vis-à-vis de son maître des devoirs à remplir fidèlement.

La fidélité est la première qualité exigée de l'apprenti par la loi, il doit en faire preuve dans tous ses actes, sans qu'il soit fait aucune distinction dans la nature des services qu'il doit ou peut être appelé à rendre. Il est naturel, en effet, que le maître dont les rapports avec l'apprenti sont constants, intimes même, puisse avoir en lui toute confiance, et que si cette confiance est trahie, la peine doive être sévère. Les infidélités commises par l'apprenti constituent de véritables vols, appelés vols domestiques, et punis de la réclusion par l'article 386 du Code pénal. Si l'infidélité consiste à divulguer les secrets de la fabrication du maître, la peine encourue est celle de l'emprisonnement ou de la réclusion, suivant que la révélation a été faite à un Français ou à un étranger.

S'il n'y a eu que légèreté, incapacité, irréflexion, le maître doit s'en prendre à lui d'avoir trop tôt ou trop légèrement donné sa confiance à l'apprenti.

L'apprenti doit être soumis et respectueux envers son maître. Celui-ci remplace les parents, il a donc droit aux mêmes égards que ces derniers, et sans l'obéissance et le respect, le maître ne peut apprendre son métier à l'apprenti. Il doit l'être vis-à-vis des autres ouvriers de l'atelier, des clients de son maître, des personnes étrangères qui se présentent à l'atelier.

L'article 4 du décret du 3 août 1810 porte que : « *Tout délit tendant à troubler l'ordre et la discipline de l'atelier, tout manquement grave des apprentis envers leur maître pourront être punis par les Prud'hommes d'un emprisonnement qui n'excédera pas trois jours sans préjudice de l'exécution de l'article 19, titre V, de la loi du 22 Germinal an XI et de la concurrence des officiers de police et des tribunaux.*

Ainsi la loi punit tous les actes répréhensibles de l'apprenti, que ces actes aient été commis par paroles, qu'ils consistent en gestes ou en menaces, qu'ils s'adressent au patron, aux ouvriers ou aux étrangers se trouvant dans l'atelier. Les agissements ainsi réprimés sont non seulement ceux qui directement ont provoqué le désordre et le trouble dans l'atelier, mais ceux qui sont de nature à produire ce résultat.

Il est malheureusement des natures rebelles, vicieuses, sur lesquelles les conseils, les bons exemples n'ont aucune influence, qui trouvent toujours le moyen de se soustraire à toute surveillance, contre lesquelles échouent toutes les tentatives; lors donc que le maître se trouvera en présence de l'un de ces enfants incorrigibles, il aura pour devoir d'en avertir les parents et pourra demander la résiliation du contrat.

DE LA DURÉE DU TRAVAIL

La loi de 1851 avait limité la durée du travail journalier des apprentis, savoir : à dix heures pour les apprentis âgés de moins de quatorze ans, à douze heures pour ceux âgés de quatorze à seize ans; elle interdit tout travail de nuit, c'est-à-dire tout travail fait entre neuf heures du soir et cinq heures du matin; elle interdit également tout travail les dimanches et jours de fête légale, en tolérant toutefois le rangement et le nettoyage de l'atelier l'un de ces jours, en cas de conventions spéciales ou d'usages dûment établis, à la condition toutefois que ce travail ne dépassera pas dix heures du matin.

La loi du 2 novembre 1892 a formellement abrogé celle du 19 mai 1874, et en réglant à nouveau le travail des femmes et des enfants dans les manufactures, elle est restée muette à l'égard de la loi de 1851.

Elle fixe à douze ans l'âge auquel les enfants munis du certificat d'études primaires peuvent être employés dans les manufactures; à treize ans pour ceux qui n'en sont pas pourvus. Elle interdit l'admission de tout enfant âgé de moins de treize ans, s'il n'est muni d'un certificat d'aptitude physique délivré gratuitement par un médecin chargé d'un service public désigné par le Préfet; elle limite à dix heures par jour le travail des enfants âgés de moins de seize ans, fixe à soixante heures par semaine et au maximum onze heures par jour le travail des ouvriers ou ouvrières de seize à dix-huit ans, et à onze heures par jour celui des filles âgées de plus de dix-huit ans; enfin, elle prescrit dans la journée un ou plusieurs repos dont la durée ne sera pas moindre d'une heure, pendant lequel tout travail sera interdit.

Tout travail de neuf heures du soir à cinq heures du matin est également interdit aux enfants âgés de moins de dix-huit ans et aux filles mineures; cependant, la loi tolère le travail jusqu'à onze heures du soir pour les filles âgées de plus de dix-huit ans, en faveur de certaines professions, à certaines époques de l'année, pendant une durée qui n'excédera pas soixante jours et à raison de douze heures par jour au maximum.

Enfin, en cas de chômage résultant d'interruption accidentelle ou de force majeure, les interdictions ci-dessus peuvent être levées temporairement et dans des conditions spéciales par l'Inspecteur du travail. Ce pouvoir donné à l'Inspecteur s'applique également au repos du dimanche et des fêtes légales, alors que dans la loi de 1851, il ne peut y être dérogé que par le Préfet.

Telles sont les principales dispositions de la loi de 1892 sur la durée du travail des enfants.

En l'édictant, le législateur a voulu tenir compte des forces de la nature humaine, empêcher l'exploitation de l'homme par l'homme, atténuer dans les organismes faibles, délicats, traversant la période critique de la transformation physique, les effets délétères d'un air vicié par les gaz, les odeurs d'une usine ou seulement la réunion d'un grand nombre d'individus dans un espace quelquefois trop restreint. Elle est toute d'ordre public et les maîtres doivent l'observer scrupuleusement à l'égard de leurs apprentis.

DE L'INSTRUCTION PRIMAIRE DE L'APPRENTI

L'article 10 de la loi de 1851 accorde à l'apprenti, qui ne sait lire, écrire et compter, deux heures au maximum par jour pour compléter son instruction.

L'article 4 de la loi du 28 mars 1882 rend obligatoire l'instruction primaire des enfants de 6 à 13 ans révolus, et par l'article 7, impose au patron chez qui l'enfant est placé, l'obligation de faire donner à l'enfant l'instruction soit chez lui, soit dans une école publique ou privée, et de faire connaître au maire quinze jours au moins avant l'époque de la rentrée des classes, la manière dont il entend faire donner cette instruction.

Lorsque l'apprenti n'habite pas chez le maître, l'obligation qui résulte pour lui des deux lois combinées, consiste à laisser à l'enfant le temps prescrit pour son instruction, et le père seul peut être poursuivi en cas d'infraction; le maître cependant doit veiller à ce que l'enfant se rende à l'école aux heures convenues et avertir les parents des absences dont il se rendrait coupable.

Si au contraire l'apprenti loge chez lui, toutes les obligations du père de famille lui incombent, et il est personnellement responsable des infractions commises.

V

DE LA RUPTURE DU CONTRAT

Le contrat d'apprentissage doit ou peut être rompu ou résolu dans des conditions et pour des causes différentes.

Il doit être résolu nécessairement :

1° *Par la mort du maître ou de l'apprenti;*

2° *Si l'apprenti ou le maître est appelé au service militaire;*

3° *Pour les filles mineures, dans le cas de décès de l'épouse ou de toute autre femme de la famille qui dirigeait la maison à l'époque du contrat.*

Les quatre motifs de la résolution obligatoire du contrat sont fondés sur la force majeure ou sur des raisons de morale; le juge est donc dans l'obligation de prononcer la résolution lorsque ces motifs se présentent.

Mais cette résolution peut-elle donner lieu à des dommages-intérêts?

Dans le cas où il n'y a pas eu de prix en argent, toute répétition est impossible.

Mais lorsque l'apprentissage finit par la mort de l'un des contractants, comment doivent se régler les intérêts des survivants et ceux des héritiers du décédé?

M. Mollot dit qu'à Paris, et MM. Hayem et Périn émettent le même avis, on considère généralement le décès du maître et de l'apprenti comme un cas de force majeure dont la chance est aléatoire pour les deux parties, et que par conséquent le survivant n'a aucune action contre la succession du décédé, soit en répétition du prix en argent, payé en totalité ou en partie, soit en indemnité à raison de l'enseignement, de la nourriture et du logement fournis.

Nous ne saurions admettre complètement cette manière de voir. Il peut arriver en effet que l'apprenti qui ne paie pas une somme d'argent, meure avant d'avoir pu dédommager, par son travail, le maître de ses soins et de ses peines, ou tout au moins de sa nourriture, du logement et de son entretien.

Les premiers temps de l'apprentissage sont les plus difficiles pour le maître ; non seulement il ne reçoit aucun service de l'apprenti, mais celui-ci a pu détériorer de la marchandise et des matières, et le préjudice qui peut en résulter pour le patron, en admettant qu'il soit un des risques du contrat lui-même, ne peut être compensé que par les services que l'apprenti pouvait rendre ultérieurement.

De même lorsque le prix a été payé en totalité ou en partie les héritiers de l'apprenti peuvent demander au maître la restitution d'une partie de ce prix et si le prix n'a point été payé, les héritiers des maîtres peuvent demander à l'apprenti le paiement de ce prix proportionnellement au temps passé et aux soins donnés.

C'est du reste l'avis de M. Mollot ; il est basé sur ce principe d'équité que l'une des parties ne peut s'enrichir aux dépens de l'autre.

Si l'apprentissage est résolu par suite d'une condamnation encourue par le maître, ce dernier peut être l'objet d'une action en dommages-intérêts, parce que la résolution est imputable au maître seul.

DES AUTRES CAUSES DE RÉSOLUTION DE CONTRAT

Les deux premiers mois de l'apprentissage sont considérés comme un temps d'essai pendant lequel le contrat peut être annulé par la seule volonté de l'une des parties. A moins de convention expresse, il n'y aura indemnité ni de part ni d'autre.

Cette disposition est basée sur l'intérêt commun des parties, elle leur permet de se connaître mutuellement, d'étudier leurs caractères, elle permet également de connaître les forces physiques, le goût et les aptitudes de l'apprenti pour la profession.

Et il serait à désirer qu'elle soit appliquée ou mise en pratique pour une durée plus ou moins restreinte à tous les contrats de louage d'ouvrage.

Les difficultés sont en effet très nombreuses qui viennent devant les Conseils de Prud'hommes et qui ont pour cause le défaut d'entente complète sur les conditions, les prix et les heures de travail, et sur le travail lui-même, sur la connaissance plus ou moins réelle des règlements particuliers d'ateliers; notre longue pratique des affaires qui viennent devant les Prud'hommes nous permet de penser qu'un temps d'essai obligatoire supprimerait de nombreux conflits, et à l'heure où une loi sur les Prud'hommes est en préparation devant les Chambres, nous voudrions pouvoir appeler l'attention de nos législateurs sur un point qui, à notre avis, rendrait de réels services à l'industrie.

Nous demandons pardon au lecteur de cette digression et nous revenons à notre sujet.

Le contrat d'apprentissage prend fin naturellement par l'expiration du temps fixé par sa durée. Cependant il peut être prolongé lorsque, conformément à l'article 11 de la loi de 1851, l'apprenti doit remplacer le temps perdu par suite d'absences, de maladies ou pour toute autre cause de son fait. Ainsi il a été jugé qu'appelé à faire un service militaire, l'apprenti peut invoquer la rupture du contrat, mais que si à son retour il reprend son apprentissage, il est tenu de remplacer par un supplément de travail le temps pendant lequel il a été absent.

Le contrat d'apprentissage finit par le consentement mutuel des parties avec ou sans dommages-intérêts, mais lorsque c'est un tiers qui a stipulé en faveur de l'apprenti et a payé le prix de l'apprentissage, si le contrat est rompu sans son intervention entre le maître et l'apprenti, ce tiers peut demander au maître la restitution de tout ou partie du prix avancé, mais il ne peut non plus résoudre le contrat avec le maître sans le consentement de l'apprenti ou de son représentant légal. (Hayem et Périn.)

Enfin le contrat d'apprentissage peut être résolu par décision de justice, sur la demande des parties ou de l'une d'elles.

1° Dans le cas de manquement aux conditions du contrat : 2° Dans le cas d'infraction grave aux prescriptions de la loi ; 3° Dans le cas d'inconduite habituelle de l'apprenti ; 4° Si le maître transporte sa résidence dans une commune autre que celle qu'il habitait lors de la convention. Néanmoins la demande en résolution fondée sur ce motif devra être formée dans les trois mois, à compter du jour où le maître aura changé sa résidence ; 5° Si le maître ou l'apprenti encourait une condamnation emportant emprisonnement de plus d'un mois ; 6° Dans le cas où l'apprenti viendrait à contracter mariage. Enfin, le temps convenu pour l'apprentissage peut être réduit ou le contrat résolu s'il dépasse le maximum de la durée consacrée par l'usage.

Le contrat d'apprentissage ne peut être résolu judiciairement que pour des causes graves.

La question s'est posée de savoir si la résolution pouvait être prononcée parce que l'enseignement donné par le maître serait insuffisant ou que l'apprenti n'a pas acquis une somme de connaissances en proportion du temps qu'il a passé chez le maître.

Cette question est assez délicate et même complexe. Le maître doit être juge de la façon dont il enseigne son métier à l'apprenti, il n'est pas tenu de lui confier des matières dont la perte due à l'inhabileté de l'apprenti pourrait lui être préjudiciable. Il a tout intérêt à ce que l'apprenti acquière les connaissances qui lui permettent de rendre des services et il suffit qu'à la fin de l'apprentissage l'apprenti soit capable de se placer comme ouvrier et de gagner un salaire proportionné à la durée de son apprentissage. En cas de contestation, des Prud'hommes à défaut d'autres personnes exerçant le même métier, pourraient soumettre l'apprenti à un examen professionnel qui les éclairerait sur ses connaissances, étant admis que l'apprenti y mettra la plus entière bonne foi et exécutera consciencieusement ce qui lui sera demandé.

Les mauvais traitements du maître contre l'apprenti sont une cause de résolution du contrat. On ne saurait tolérer en effet que le maître puisse réprimer de cette façon les fautes graves de l'apprenti ou son insoumission. Il appartient en ce cas au maître d'avertir les parents ou représentants de l'enfant et de demander lui-même la résolution du contrat contre ce dernier.

Aussi il a été jugé qu'un acte de brutalité de la part du maître, ayant eu pour conséquence une blessure grave, comme la perte d'un œil, entraînerait la résolution du contrat avec dommages-intérêts et qu'en outre les Prud'hommes devaient informer le Procureur de la République des faits relevés contre le maître. Si cependant il est établi que les voies de fait auxquelles se serait livré le maître et si elles n'ont pas eu de conséquences graves, ont été motivées de la part de l'apprenti par des manquements sérieux et répétés au respect qu'il doit à son maître, par la désobéissance formelle, des insultes fréquentes, le contrat pourra être résolu sans indemnité pour le maître.

Le contrat pourra être résolu contre le maître s'il ne fournit à l'apprenti qu'une nourriture malsaine ou insuffisante, si le logement qu'il lui donne est malpropre ou insalubre ; si son entretien n'est pas conforme aux règles de l'hygiène, de la propreté et de la décence ; s'il emploie l'apprenti à des courses, à des occupations ou à des travaux de ménage et lui fait perdre une grande partie du temps consacré au travail professionnel, s'il lui fait habituellement porter ou traîner des charges au-dessus de ses forces, s'il le fait travailler en dehors des heures fixées par la loi, s'il ne surveille pas sa conduite ou ses mœurs ou n'en avertit pas les parents, s'il tient en sa présence des propos inconvenants ou s'il se livre en sa présence à des actes indécents, s'il l'excite ou le livre à la débauche, le tout sans préjudice de l'indemnité qui pourra être due à l'apprenti pour le tort matériel ou moral que pourront lui causer la résolution du contrat et les faits qui l'auront provoquée.

La résolution du contrat peut être prononcée contre l'apprenti : lorsque le prix stipulé pour l'apprentissage n'a pas été payé par l'apprenti ou son représentant aux époques convenues; lorsque le maître a lieu de se plaindre de l'inconduite habituelle de l'apprenti, de son indocilité, de son mauvais caractère ou de sa mauvaise volonté et de ses négligences calculées pour se faire renvoyer; si l'apprenti injurie son maître en le diffamant; lorsque par des propos inconvenants ou grossiers, sa tenue indécente, il peut être la cause ou l'objet d'un scandale dans l'atelier; s'il vient à déserter l'atelier ou se permet des absences réitérées et prolongées sans cause légitime, le tout, également sans préjudice de l'indemnité qui peut être allouée au maître comme réparation du préjudice que lui cause la rupture du contrat.

Toutes ces causes de résolution du contrat, qu'elles émanent du maître ou de l'apprenti, doivent être justifiées par celui qui les invoque; leur gravité, comme aussi les dommages-intérêts à allouer, sont laissés à l'appréciation des juges qui devront tenir compte du degré d'éducation de l'apprenti, de la nature de la profession, de la durée des services accomplis, et de ces différences particulières qui se rencontrent dans chaque cause, et qui font que si beaucoup d'entre elles se ressemblent au fond, elles diffèrent essentiellement l'une de l'autre par les détails, et ne permettent pas d'établir des règles fixes.

La résolution du contrat peut être prononcée encore aux torts de l'apprenti en raison de son incapacité, mais dans ce cas il n'est pas admis que le maître ait droit à des dommages-intérêts. C'est qu'en effet le maître a eu un délai de deux mois pour juger de l'intelligence de l'apprenti, il ne peut arguer de sa bonne volonté ou même de sa mansuétude, ni même des sacrifices de temps qu'il a pu faire après l'expiration du délai légal; le maître a l'habitude d'avoir des individus sous ses ordres, il doit pouvoir les juger en peu de temps, et le délai légal paraît largement suffisant; on peut lui savoir gré de sa patience et de ses efforts sans aller au delà.

Par contre, il a été jugé que l'apprenti ne pouvait former une demande en résolution de contrat sous le prétexte qu'il aurait pris en dégoût le métier de son maître, alors que le délai d'essai était expiré depuis un certain temps, et qu'en cas de rupture du contrat de la part de l'apprenti, le maître était fondé à demander des dommages-intérêts.

Mais lorsqu'une indemnité a été stipulée par les parties pour rupture prématurée du contrat les parties peuvent-elles la réduire? L'article 1134 du Code civil porte que les conventions légalement formées tiennent lieu de loi à ceux qui les ont faites. La loi de 1851 n'a interdit aucune convention de ce genre; le contrat d'apprentissage est un véritable contrat de louage de travail, et nous pensons que les Tribunaux ne peuvent réduire l'indemnité fixée par une clause pénale.

Enfin la rupture du contrat peut être prononcée lorsque le maître, sans motifs légitimes, refuse de recevoir l'apprenti, comme lorsque celui-ci se refuse aussi sans motifs à continuer son apprentissage; dans les deux cas celle des parties qui rompt le contrat est passible de dommages-intérêts.

Lors de la résolution du contrat faite à l'amiable ou prononcée en justice, le maître a-t-il le droit de retenir les effets mobiliers par lui donnés à l'apprenti ?

Nous ne le pensons pas. L'obligation d'habiller l'apprenti résultant du contrat, les effets donnés à ce dernier deviennent sa propriété par le fait de l'inexécution de l'obligation; mais si la résolution est prononcée de son fait, il peut être tenu compte de la nature de ces effets dans l'évaluation de l'indemnité à allouer au maître.

Cependant celui-ci peut retenir les objets de literie et autres déposés par l'apprenti chez lui; ils sont son gage et ne sauraient être assimilés aux objets exceptés par l'article 592 du Code de procédure civile, de la saisie opérée à domicile comme faisant partie du coucher du saisi ou de sa famille *(Conseil de Prud'hommes de Paris, 30 mai 1850)*.

Nous ne nous étendrons pas sur les motifs de résiliation donnés par les paragraphes 5 et 6 de l'article 15 de la loi de 1851. La nature de ces motifs est par elle-même une explication suffisante.

DE LA RÉDUCTION DE LA DURÉE CONVENUE CONTRAIREMENT AUX USAGES

Il est dit à l'article 17 que : *si le temps convenu pour la durée de l'apprentissage dépasse le maximum de la durée par les usages, ce temps peut être réduit ou le contrat résolu.*

Le législateur a ainsi apporté une sage exception au principe général de droit qui n'admet pas l'action en rescision pour lésion dans les contrats où la cause et l'objet sont purement mobiliers. Il s'agit d'un contrat tout à fait spécial, des intérêts et de la liberté d'un incapable que la loi a voulu protéger contre sa faiblesse ou l'ignorance des personnes qui ont traité en son nom.

DÉTOURNEMENT DE L'APPRENTI. — RESPONSABILITÉ DU NOUVEAU MAITRE

Le congé d'acquit d'apprentissage ou certificat constatant l'inexécution du contrat est une des garanties données au maître contre le détournement dont l'apprenti peut être l'objet ou contre le désir que pourrait avoir l'apprenti de s'engager chez un autre maître pour gagner davantage.

Tout fabricant, dit l'article 13, chef d'atelier ou ouvrier convaincu d'avoir détourné un apprenti de chez un maître pour l'employer en qualité d'apprenti ou d'ouvrier pourra être passible de tout ou partie de l'indemnité à prononcer au profit du maître abandonné.

Cette responsabilité du maître qui reçoit un apprenti contre lequel le contrat a été résolu a été fortement étendue par les Conseils de Prud'hommes de la Seine et de Lyon. Ces tribunaux ont jugé : 1° Que si le père de l'apprenti a été condamné à payer au patron une indemnité, et si malgré notification du jugement, un second patron a reçu l'apprenti chez lui et a persisté à le conserver, ce second patron a encouru la responsabilité prévue par l'article 13 et doit être condamné à payer au précédent patron la somme formant le montant des condamnations prononcées contre le père de l'apprenti; 2° Que dans le même cas, les Prud'hommes pourront ordonner qu'il ne sera pas remis de livret à l'apprenti, que celui-ci ne pourra pas se replacer en cette qualité, que tout autre patron qui l'emploierait, même comme ouvrier, serait responsable et passible de l'indemnité.

Ces mesures nous semblent rigoureuses, et bien qu'elles s'appuient sur cette considération que l'apprentissage est d'ordre public, elles nous paraissent porter atteinte à la liberté des personnes et de l'industrie; et avec M. Mollot nous pensons que tout ce que le premier maître est fondé à demander et à obtenir, ce sont des dommages-intérêts, soit contre l'apprenti, soit contre le second maître qui l'emploierait en connaissance de cause; et que ce second patron justifiant de sa bonne foi, et renvoyant l'apprenti dès qu'il connaît les faits, doit être déclaré complètement indemne.

Mais le maître qui a reçu un apprenti sans certificat d'acquit, et facilite ainsi sa sortie de chez un autre maître, doit être déclaré solidairement avec le père de l'apprenti, passible de l'indemnité due pour rupture du contrat.

VI

COMPÉTENCE

Ainsi que nous l'avons dit au début de cette étude, toute demande à fin d'exécution ou de résolution de contrat sera portée devant le Conseil de Prud'hommes dont le maître est justiciable, et à défaut devant les juges de paix dans les cantons qui ne ressortissent point à la juridiction des Prud'hommes, mais seulement pour les professions placées sous leur juridiction ; les Conseils de Prud'hommes étant des tribunaux d'exception, leur compétence est exclusivement limitée par le Décret d'Institution.

Mais si les juges de paix sont incompétents pour connaître des contestations que peut faire naître l'exécution du contrat d'apprentissage dans les cantons où il existe un Conseil de Prud'hommes, cette incompétence est si peu fondée sur la nature du litige que les lois même qui attribuent au Conseil de Prud'hommes la connaissance de ces contestations la laissent aux juges de paix dans les cantons où cette juridiction n'existe pas.

L'incompétence du juge de paix en cette matière n'est donc pas absolue, d'ordre public, elle n'est que relative et doit être proposée *in limine litis* (Cass. ch. req. 28 mai 1894).

Au point de vue de la compétence territoriale, en quelque lieu que réside l'apprenti, la juridiction sera déterminée par le lieu de la situation de la manufacture ou de l'atelier où sera employé l'apprenti.

VII

PROCÉDURE

Aux termes de l'article 46 du décret du 11 juin 1809, les Prud'hommes sont autorisés à se transporter dans les manufactures ou ateliers pour apprécier, par leurs propres yeux, la véracité des faits qui auraient été allégués.

On peut donc en conclure avec M. Mollot que dans les différends entre maitres et apprentis, ils peuvent se transporter chez le maitre, vérifier l'état du logement de l'apprenti, la qualité des aliments et la nature du travail auquel il est soumis.

Ils peuvent également, dans une contestation, ordonner une mesure provisoire et charger un Prud'homme de surveiller l'exécution de cette mesure.

VIII

JURIDICTION RÉPRESSIVE

Les Conseils de Prud'hommes sont investis d'un pouvoir répressif par l'article 4 du décret du 3 août 1810, ainsi conçu : *Tout délit tendant à troubler l'ordre et la discipline de l'atelier, tout manquement grave des apprentis envers leurs maîtres pourront être punis par les Prud'hommes d'un emprisonnement qui n'excédera pas trois jours, sans préjudice de l'article 19, titre V, de la loi du 22 Germinal an XI, et de la concurrence des officiers de police et des tribunaux.*

Le manquement grave doit s'entendre de tout fait de l'apprenti impliquant de sa part une conduite sérieusement reprochable, comme les disputes violentes, l'insubordination, les menaces, les paroles grossières, les injures.

Mais les Conseils de Prud'hommes ne paraissent avoir le droit de se saisir d'office des contraventions, même dans le cas de flagrant délit de trouble grave dans l'atelier; les fonctions du ministère public n'existent pas pour eux, ils ne peuvent donc statuer que sur la plainte du maître.

Si le débat est de nature à occasionner du scandale, ils peuvent comme tous les autres tribunaux ordonner le huis-clos.

Le jugement prononcé, le Président du Conseil doit en adresser une expédition au Procureur de la République sans attendre la demande de la partie plaignante, même si le jugement est rendu par défaut; mais, dans ce cas, l'apprenti condamné est recevable à former opposition dans les trois jours de la signification.

La condamnation prononcée par les Prud'hommes ne saurait faire obstacle aux poursuites que le Ministère public croirait devoir exercer devant les tribunaux ordinaires de répression; mais, selon MM. Hayem et Périn, l'action publique exercée la première arrêterait et absorberait la juridiction disciplinaire des Prud'hommes à raison de la nature de la peine.

Les Prud'hommes ne peuvent être saisis que des faits qui intéressent l'ordre et la discipline de l'atelier, les délits ou contraventions commis par les apprentis sans porter atteinte à cette discipline relèveraient des tribunaux ordinaires; de même les Prud'hommes seraient incompétents pour statuer sur un délit commis dans un atelier ou une usine qui par sa nature ou sa situation ne ressortirait pas à leur juridiction; mais conformément à l'article 10 de la loi de 1806, il constatera l'existence du délit dans le jugement de renvoi.

La compétence des tribunaux pour statuer en dernier ressort est limitativement déterminée pour chacun d'eux; l'appel est de droit commun, les jugements des Prud'hommes en matière répressive, en présence du silence de la loi de 1810 sur ce point, peuvent être attaqués par la voie de l'appel comme les jugements de simple police, qui prononcent la peine de l'emprisonnement.

Cet appel sera porté devant le tribunal correctionnel dans le conseil duquel le Conseil a son siège; il suspendra l'exécution du jugement des Prud'hommes.

Enfin, les articles 20, 21 et 22 de la loi de 1851 sont relatifs aux poursuites exercées par le Ministère public devant les tribunaux de simple police contre les parties qui contreviennent aux articles 4, 5, 6, 9 et 10 de cette loi, mais les dispositions qu'ils contiennent ayant un caractère exclusivement pénal, leur examen ne rentre pas dans le cadre de cette étude.

On voit par les éléments qui constituent le contrat d'apprentissage que, dans un grand nombre de cas, les Prud'hommes sont investis d'un pouvoir discrétionnaire très grand; ils ne devront en user qu'avec la plus grande circonspection et se souvenir que la conciliation est la base de leur institution.

LA LOI DU 27 DÉCEMBRE 1890

LES DÉLAIS DE PRÉVENANCE ET LA RUPTURE DU CONTRAT. — LES RÈGLEMENTS D'ATELIER. — LE DÉLAI D'ESSAI. — LE MARCHANDAGE. — DE CERTAINS PRÉJUGÉS AU SUJET DE LA RUPTURE DU CONTRAT, DES MALFAÇONS, DES RESPONSABILITÉS ET DE LEUR RAPPORT AVEC LA RUPTURE DU CONTRAT.

La loi du 27 décembre 1890, modifiant et complétant l'article 1780 du Code civil, a édicté que :

Le louage de services, fait sans détermination de durée, peut toujours cesser par la volonté d'une des parties contractantes ;

La résiliation, du fait d'un des contractants, peut donner lieu à des dommages-intérêts.

Les tribunaux, pour la fixation de l'indemnité à allouer, le cas échéant, doivent tenir compte des usages, de la nature des services engagés, du temps écoulé, etc., et en général de toutes les circonstances qui peuvent justifier l'existence et déterminer l'étendue du préjudice causé.

Les parties ne peuvent renoncer par avance au droit éventuel de demander des dommages-intérêts en vertu des dispositions ci-dessus.

L'ancien article 1780 disposait : qu'on ne peut engager ses services qu'à temps; la loi nouvelle le complète en disant que le louage de services fait sans détermination de durée peut toujours cesser par la volonté de l'une des parties contractantes.

Il ne peut en effet en être autrement; et il n'est pas admissible que la cessation du contrat soit subordonnée au consentement des deux parties; chacune d'elles serait liée indéfiniment à la volonté de l'autre, c'est ce que ne permet pas l'ancien article 1780.

Le droit de résiliation unilatérale *ad nutum* est donc bien établi par le 1er alinéa de la loi de 1890.

Cependant le 2e alinéa porte que la résiliation du contrat par le fait d'un des contractants, peut donner lieu à des dommages-intérêts.

A la première lecture, le 2e § est la négation du 1er. Si les parties n'excèdent pas leur droit, le patron, en disant à son ouvrier : « Je ne veux plus de vous dans mon atelier », et l'ouvrier à son patron : « Je ne veux plus rester chez vous », et si elles ne font qu'user de leur droit de liberté individuelle en rompant le contrat, comment peut-on admettre qu'elles soient obligées de justifier de motifs légitimes pour user de ce droit ?

Le législateur de 1890 a bien dit que pour la fixation du dommage causé, le cas échéant, les juges tiendraient compte des usages et différentes circonstances propres à la cause, mais il n'a pas dit où commence et où finit pour les parties le droit de rompre le contrat sans se rendre passibles de dommages-intérêts.

Cette loi de 1890 qui a été représentée comme devant être éminemment favorable aux ouvriers, et comme devant les protéger contre les abus des patrons, n'est en réalité pour eux qu'une arme à deux tranchants; si elle leur permet de demander aux patrons des dommages-intérêts lorsqu'ils se voient congédiés, elle les rend, eux aussi, passibles de dommages-intérêts envers les patrons s'ils veulent les quitter brusquement; elle les empêche de profiter de l'occasion qui se présente tout à coup de prendre un travail plus rémunérateur. Les ouvriers ne seraient-ils pas les premiers à récriminer contre une législation qui entraverait leur liberté au point de ne plus leur permettre de quitter leur patron à leur gré, moyennant un avertissement préalable ?

Et la nouvelle loi au lieu de se borner à modifier l'article 1780 n'en change-t-elle pas complètement le sens ? Le louage de service n'est-il pas devenu un véritable engagement à vie que les parties ne peuvent rompre sans s'exposer à des dommages-intérêts ?

Pour mettre un peu de lumière dans l'obscurité laissée par les deux premiers paragraphes, il faut recourir aux travaux parlementaires, aux discussions qui se sont élevées à la Chambre et au Sénat pour connaître l'intention du législateur et comprendre la portée et le sens de ces deux paragraphes.

Tout d'abord, M. Poincaré, rapporteur à la Chambre, dans la séance du 29 décembre 1888, disait : « Nous avons, dans le paragraphe premier » de l'article 1er, conservé le principe général de l'article 1780, c'est-à- » dire le droit, pour chacune des parties, de s'affranchir à volonté du » contrat de louage de services quand il aura été fait sans détermination » de durée. Mais nous avons immédiatement, dans un deuxième para- » graphe, corrigé la rigueur de ce premier principe en établissant à la » fois, comme corollaire et comme compensation, la faculté pour les

» tribunaux de condamner à des dommages-intérêts la partie qui exercera, » *dans des conditions abusives*, ce droit de résiliation. »

Au Sénat, dans la séance du 25 novembre 1890, M. Renaut s'exprimait ainsi : « Que veulent dire ces mots *peut donner lieu* à des dommages- » intérêts ? Ils ne peuvent avoir qu'une seule signification, c'est qu'il » y a lieu à des dommages-intérêts si la rupture du contrat, voulue par » une seule des parties contractantes, n'est pas *appuyée de motifs légitimes*, » car en dehors de cette interprétation, il n'y en a pas d'autre que la » raison puisse concevoir, que la conscience puisse supporter. C'est une » innovation dont la portée est considérable, car dorénavant, dans la » matière du louage d'ouvrage ou d'industrie, le pouvoir de chacune des » parties de rompre le contrat *est subordonné à l'existence de motifs* » *légitimes*. »

Le 28 novembre, M. Humbert, président de la Commission, résumant la loi, disait : « Elle a déclaré que la résiliation ne pourrait être faite » *d'une manière contraire à l'équité*. »

Quelques jours après, au Sénat, M Trarieux affirmait en ces termes cette interprétation :

« Qu'est-ce que nous avons voulu en votant cet article 1780 ? Nous » avons décidé que lorsqu'un contrat aurait été conclu pour un temps » indéterminé, ce contrat ne pourrait être rompu par personne, ni par » l'ouvrier contre le patron, ni par le patron contre l'ouvrier, *sans que des* » *motifs légitimes expliquassent sa rupture*, et qu'au cas où *ces motifs* » *légitimes ne seraient pas démontrés*, soit par le patron, soit par l'ouvrier, » selon que le contrat aura été brisé par le fait de l'un ou par le fait de » l'autre, *le principe des dommages-intérêts s'imposerait aux juges*. Voilà » ce que nous avons dit. »

Enfin, dans la séance de la Chambre du 22 décembre 1890, M. Loreau, recherchant la cause du maintien du libre exercice du droit de résiliation et les causes qui pourront donner lieu à des dommages-intérêts, disait : « *Il faudra absolument qu'il soit établi par la partie plaignante qu'il y a* » *eu abus, ce n'est que dans le cas net et précis où il y aurait eu abus jugé* » *par le Tribunal qu'il pourrait y avoir lieu à dommages-intérêts*. »

C'est ici que l'article 1382 trouve son application. L'exercice d'un droit est un fait licite, autrement ce droit n'existerait pas ; mais le législateur l'a tempéré et a ordonné qu'il n'existerait en réalité qu'autant que celui qui en userait y apporterait de la réserve et de la prudence ; qu'il n'irait pas jusqu'à l'abus, autrement dit qu'il n'exercerait pas ce droit méchamment, dans l'intention de nuire ; que dans ces conditions, il devient une faute et constitue un fait dommageable à celui à l'encontre duquel il est exercé. Il y a abus de liberté, lorsque, intentionnellement, par négligence, par imprudence, on commet un acte préjudiciable à autrui; c'est l'intention dommageable qui constitue l'élément illicite de l'acte.

Cette interprétation des deux premiers paragraphes de la loi de 1890 a été consacrée par la jurisprudence, d'abord par le Tribunal de commerce de Lille qui, dans un jugement du 26 mai 1891, déclarait que : Pour qu'il puisse y avoir lieu à l'application de la loi du 27 décembre 1890, il faudrait que le requérant établisse d'une façon nette et précise que dans les conditions où le congé a été donné, le défendeur a *commis un abus*, auquel cas le Tribunal aurait à apprécier l'étendue du préjudice causé, etc.

Mais la solution la plus importante a été donnée par la Cour suprême dans deux arrêts du 20 mars 1895 sur les conclusions de M. l'avocat général Rau, conclusions que nous ne pouvions mieux faire que de reproduire ici parce qu'elles sont un commentaire complet des deux premiers paragraphes de la loi (1).

C'est sur ces conclusions que la Cour décidait :

1° Si le louage de services fait sans détermination de durée peut toujours cesser par la volonté d'une des parties contractantes, cette résiliation peut, néanmoins, donner lieu à des dommages-intérêts, lorsque la

---

(1) Messieurs, l'affaire dont vous êtes saisis présente une importance considérable. Il s'agit, en effet, pour votre haute juridiction, de fixer le sens véritable et la portée de la loi du 27 décembre 1890, qui a donné lieu à bien des polémiques et à de longues discussions devant les Chambres.

L'ancien article 1780 du code civil ne comprenait qu'un alinéa ainsi conçu : « On ne peut engager ses services qu'à temps et pour une entreprise déterminée. »

La loi nouvelle a ajouté à ce texte diverses dispositions. Elle pose d'abord, en termes généraux, le principe que « le louage de services fait sans détermination de durée peut toujours cesser par la volonté d'une des parties contractantes », mais elle ajoute « que la résiliation du contrat par la volonté d'un seul des contractants peut donner lieu à des dommages-intérêts ». Elle indique ensuite certains faits susceptibles d'être pris en considération par le juge pour la fixation de « l'indemnité à allouer, le cas échéant ». Elle dispose enfin que les parties ne peuvent « renoncer à l'avance au droit éventuel de demander » cette indemnité.

Voilà le résumé des dispositions venant compléter le texte primitif du code civil. Or, leur seule lecture fait apparaitre l'existence d'une lacune grave dans la loi nouvelle. Le législateur de 1890 parle bien de la possibilité d'obtenir des dommages-intérêts lors de la rupture du contrat par un seul des intéressés, mais il omet totalement d'indiquer les cas dans lesquels cette possibilité s'ouvrira. Deux systèmes se trouvent dès lors en présence.

On peut concevoir que le législateur, tout en reconnaissant aux contractants le droit réciproque de se dégager instantanément du louage de services à durée indéfinie, ait entendu qu'ils ne pussent user de cette faculté que pour des raisons sérieuses. Par suite, une indemnité est due par le seul fait de la rupture, et la partie qui se délie ne peut échapper à une condamnation qu'en prouvant l'existence de motifs légitimes justifiant la cessation de son engagement. Voilà une première interprétaion. (En ce sens Planiol, noté sous Trib. Grenoble, 23 janv. 1893. D. 93. 2. 377.)

A l'inverse, il est possible d'admettre que chaque contractant est entièrement libre de rompre *ad nutum* la convention, et que l'exercice de ce droit n'est susceptible de donner lieu à des dommages-intérêts qu'autant que les circonstances dans lesquelles est intervenue la dénonciation lui impriment le caractère d'un *abus* constituant une faute d'une nature particulière. Voilà la seconde des interprétations. (Cpr. Sauzet, nouvel art. 1780, *Annales du droit franç., étr. et international*, 1891, nos 2 et 3.)

Quelle est celle que vous devrez adopter? Pour ma part, Messieurs, je n'hésite pas à me prononcer dans le sens de la dernière doctrine, qui me parait conforme aux principes du droit et à la pensée de la loi nouvelle.

Les travaux préparatoires ne fournissent pas, il faut le reconnaitre, grande lumière sur la question. Toutefois, leur ensemble nous parait justifier l'opinion qui vient d'être émise. Avant de reprendre très brièvement l'historique de la loi, disons un mot de votre jurisprudence sur l'ancien article 1780 du code civil.

Vous avez toujours consacré le principe du droit respectif de rupture du contrat dans le louage de

partie qui en est l'auteur a fait de son droit *un usage abusif et préjudiciable.*

2° Mais pour qu'une condamnation, de ce chef, soit également fondée, il faut que le jugement qui la prononce *relève les circonstances desquelles il fait résulter cette faute,* de manière à permettre à la Cour de cassation d'exercer sur ce point son contrôle.

3° Lors donc que l'ouvrier congédié n'a invoqué aucune convention l'autorisant à réclamer une indemnité en cas de brusque rupture du contrat, *ni aucune circonstance impliquant de la part du patron, un abus de son droit de résiliation,* manque de base légale la décision qui, pour allouer au demandeur des dommages-intérêts, se fonde uniquement sur ce qu'il aurait été renvoyé sans délai-congé.

En effet, l'article 1780, du Code civil, modifié, n'impose nullement aux parties, en l'absence d'usage à cet égard, l'obligation de se donner mutuellement congé un certain temps d'avance.

4° *A fortiori,* le seul fait du défaut de congé préalable, ne saurait rendre un patron passible de dommages-intérêts, alors que d'après les constatations mêmes du juge, s'il a renvoyé son ouvrier, c'est qu'il n'avait plus de travail à lui donner.

Nous croyons cependant devoir faire une observation au sujet de cette

---

services d'une durée illimitée. Cette faculté dérive, en effet, de la liberté humaine et ne peut être l'objet d'une contestation sérieuse. La résiliation unilatérale constituant « un droit ». vous avez, par une série d'arrêts échelonnés de 1867 à 1887 (V. aussi motifs civ., Cass., 18 juillet 1892. D. 92. 585), proclamé que son exercice ne pouvait motiver une condamnation à des dommages-intérêts lorsque la rupture n'était accompagnée d'aucune inobservation des délais d'usage, d'aucune méconnaissance des conditions expresses ou tacites de l'engagement, ou enfin d'aucun acte constitutif d'une faute de droit commun. Tous les arrêts de cours d'appel qui accordaient des indemnités pour congés donnés « brusquement et sans motifs sérieux » (Civ. Cass., 5 août 1873. D. 74. 65), pour des motifs n'ayant « pas une gravité suffisante » (2e espèce, *Ibid*), « sans cause sérieuse de révocation » (Civ. Cass., 28 avril 1874. D. 74. 304), ont été impitoyablement cassés. (V. dans le même sens : Civ. Cass., 10 mai 1876. D. 76. 424. 4 août 1879. D. 80. 272. R. 8 mai 1881. D. 82. 164. Civ., Cass., 17 mai 1887. D. 87. 410). Votre doctrine, à cet égard, est très nettement formulée dans un arrêt type (Civ. Cass., 5 février 1872. D. 73. 63) dont les considérants se trouvent reproduits dans plusieurs de vos décisions ultérieures.

Au contraire, lorsque les juges du fonds constataient l'existence d'une faute même légère, relevaient l'inobservation sinon d'un usage constant, au moins de certaines habitudes professionnelles, vous rejetiez, en conformité de l'article 1135 du code civil, les pourvois dirigés contre les décisions ayant accordé des indemnités (V. notamment Civ. req., 8 février 1859, D. 59. 57).

La plupart des affaires où une cassation était intervenue concernaient des employés de Compagnies de chemins de fer. Le délai de congédiement n'existant pas pour cette profession, les agents se trouvaient subitement privés d'une situation souvent lucrative. De plus, leur renvoi entrainait ordinairement la privation de tout droit à une retraite, et les retenues opérées sur leurs salaires en vue de cette retraite demeuraient acquises aux compagnies (Civ. Cass., 18 déc. 1892, D. 73. 229, 28 avril 1874, 4 août 1879 précités). C'est la situation peu équitable faite à ces agents qui a été l'origine de la loi de 1890. Dès 1871 (22 février), une pétition adressée au ministre des travaux publics par les mécaniciens des Chemins de fer français appelait l'attention des pouvoirs publics sur la question. Bientôt, une série de propositions de loi furent soumises aux Chambres de 1872 à 1880, mais elles ne purent aboutir.

En 1882, MM. Raynal, Waldeck-Rousseau, de Janzé et plusieurs autres députés présentèrent deux nouveaux projets sur la matière. La pensée très nettement exprimée par leurs auteurs était de réagir contre votre jurisprudence : « Nous ne venons cependant pas, disaient-ils, demander d'établir au profit des agents commissionnés des Chemins de fer un régime exceptionnel, notre proposition de loi a, au contraire, pour but de les faire rentrer dans le droit commun des bénéfices duquel la jurisprudence de la cour de cassation les a exclus » (D. 91. 1. 34 n° 6). Singulier reproche qu'une étude plus complète de vos décisions eût empêché de formuler. Les deux projets de loi réunis furent adoptés, avec certaines modifications, par la Chambre des députés. Mais, au Sénat, la proposition subit une transformation dernière disposition autorisant une brusque rupture motivée par le défaut de travail.

Il peut arriver en effet que pour certains petits patrons le travail puisse faire défaut subitement et sans qu'ils aient pu le prévoir ; et, dans ce cas alors, il est d'usage que l'ouvrier soit, non congédié définitivement, mais prié d'attendre, s'il le peut ou le juge convenable, et qu'il ait la faculté de chercher et de prendre du travail ailleurs si l'occasion se présente. Le manque de travaux peut être considéré comme un cas fortuit, de force majeure, mais seulement temporaire, et permettant cependant à l'ouvrier de choisir entre celui des deux moyens qui lui sera le moins onéreux : attendre la reprise des travaux, ou en accepter dans un autre établissement.

Mais il n'en peut aller de même dans les établissements ou ateliers d'une certaine importance, où les travaux sont constamment suivis, ne s'arrêtent jamais subitement et permettent au patron de prévoir, au moins quelques jours d'avance, le moment où il sera obligé de congédier son ouvrier.

L'adoption d'un pareil principe ouvrirait la porte à ces mêmes abus que le législateur a entendu supprimer.

Il a encore été jugé que :

---

radicale. Dans son rapport du 25 juin 1885, M. Cuvinot rendait hommage aux sentiments généreux de la Chambre, mais il faisait remarquer que la loi élaborée par elle « sacrifiait au désir de donner satisfaction à une classe particulière de citoyens le principe d'unité de législation, d'égalité devant la loi que nous ont légué nos pères de 1789 et que nous avons le devoir de respecter ». (*Journ. off.*, 1885. Documents parlem., p. 260).

La Commission se prononça catégoriquement contre le projet. Mais, reconnaissant en même temps que l'article 1780 du code civil avait besoin d'être précisé, elle résolut de le compléter par une disposition générale applicable à tous les louages de services, et ainsi conçue :

« La résiliation du contrat de louage de services par la volonté d'un seul des contractants peut donner lieu à des dommages-intérêts, même dans le cas où la durée du contrat n'a pas été déterminée, à la charge par la partie qui réclame les dommages-intérêts de prouver que le congé a été donné de mauvaise foi ou à contre-temps;

Pour la fixation de l'indemnité à allouer le cas échéant, il est tenu compte des usages, de la nature des services engagés, des retenues opérées et des versements effectués en vue d'une pension de retraite et de toutes les circonstances qui peuvent justifier l'existence et déterminer l'étendue du préjudice. » (Rapp. du 25 juin 1885, *Journ. off.*, 1885, Doc. parl., p. 261).

Voilà le texte, un peu remanié au cours de la discussion et complété par certaines additions, qui est devenu l'article 1er de la loi de 1890.

Vous avez remarqué, Messieurs, que le membre de phrase relatif au congé donné « de mauvaise foi ou à contre-temps » ne se retrouvait pas dans le texte définitif. Cette suppression n'a nullement été opérée pour décharger la partie réclamant des dommages-intérêts de toute preuve. Elle a eu pour but unique de faire disparaître de la loi des expressions empruntées à l'article 1869 du code civil sur le sociétés qui avaient paru manquer de justesse et de précision (V. les observations de M. Clément Séance du Sénat, 15 novembre 1887, *Journ. off.* du 16. Délib. parl., p. 921).

Quelle a été, Messieurs, la volonté du Sénat en votant la disposition que je viens de rappeler? Loin de vouloir se mettre en opposition avec vos arrêts, cette haute Assemblée a entendu au contraire consacrer législativement les principes que vous aviez posés. Le rapport précité de M. Cuvinot ne peut laisser de doutes à cet égard. Après une analyse très complète de votre jurisprudence, ce document résume en ces termes la pensée des commissaires : « Ce que votre Commission vous propose, c'est de consacrer par un texte de loi les décisions de la jurisprudence » (Rapp. 25 juin 1885, *Journ. off.* 1885, Doc. parl., p. 260, col. 3). Voilà des indications de nature à bien fixer le sens de la modification apportée à l'ancien article 1780. Lorsque la loi ainsi transformée retourna à la Chambre, celle-ci ne reconnut plus son œuvre. Le rapporteur, M. Poincaré (Rapp. du 29 décembre 1888, n° 3472, p. 10 et suiv.), signala cette transfiguration et fit ressortir la nécessité de sauvegarder les intérêts des employés de chemin de fer,

La liberté de résilier le contrat n'est limitée par la loi de 1890, à l'égard de l'ouvrier ou de l'employé, que par l'obligation de n'abandonner ses fonctions qu'après le temps nécessaire pour permettre au patron de pourvoir à son remplacement.

Des dommages-intérêts ne peuvent être réclamés à l'ouvrier qui, après avoir fait connaître son intention de rompre le contrat, est resté au service de son patron pendant plusieurs semaines, et ne l'a quitté que pour prendre un emploi plus avantageux, et non par caprice ou dans l'intention de nuir (Trib. civ. Seine. 19 nov. 1895).

Et enfin que :

Le juge ne peut repousser *de plano* une action en dommages-intérêts par l'unique motif que d'après l'article 1134 du Code civil les conventions légalement formées tiennent lieu de loi à ceux qui les ont faites, et qu'en vertu de cet article les parties ont pu légalement renoncer à tous dommages-intérêts : *l'article 1780 du Code civil déroge sur ce point spécial à l'article 1134* (Cass. Ch. civ., 9 juin 1896).

De l'étude que nous venons de faire des deux premiers paragraphes se dégagent deux points principaux.

1° *La cause* qui donne lieu à l'action en dommages-intérêts et qui réside d'abord dans le fait de celui qui a rompu le contrat en violation

---

hors d'état, disait-il, de discuter librement avec les compagnies les conditions de leurs engagements. La Commission ajouta cinq articles au projet du Sénat, et le rapport précisait le caractère de cette addition.

En ce qui concerne les agents des compagnies de chemins de fer, nous ne nous bornons plus à dire que leur renvoi pourra donner lieu à des dommages-intérêts; nous déclarons que, si ce renvoi a lieu sans motifs légitimes, les dommages-intérêts seront dus :

« Quand un employé de chemin de fer congédié viendra réclamer une indemnité, ce ne sera donc pas à lui de prouver qu'on a violé à ses dépens les usages, qu'on l'a renvoyé de mauvaise foi, à contretemps, qu'on lui a causé un préjudice. Ce sera à la compagnie qui l'aura renvoyé d'établir qu'elle avait pour prendre cette mesure des motifs légitimes » (Rapp. 28 décembre 1888, n° 3472, p. 26).

Voilà bien, pour les agents des chemins de fer, un régime exceptionnel, renversant l'ordre des preuves et allant directement à l'encontre de la doctrine formulée dans vos arrêts. Mais pour la partie générale de la loi, pour tous les autres louages de services, on n'entend rien innover (p. 13 et suiv. Rapp. précité). L'allocation de dommages-intérêts sera facilitée, mais son caractère, au point de vue du fardeau de la preuve, subsistera :

« Aussi, porte le rapport (p. 15), ne vous demandons-nous pas seulement de consacrer cette jurisprudence existante, mais de la simplifier, de la coordonner et de lui donner enfin les moyens légaux de s'améliorer ». Et M. Poincaré ajoutait : « Nous ne donnons pas en réalité aux tribunaux une faculté nouvelle; nous leur donnons l'exercice plus libre, plus rationnel et plus équitable d'une faculté qu'ils ont déjà, mais qui se trouve gênée dans les mailles trop étroites de l'article 1780 ».

Les additions concernant les employés de chemin de fer furent votées par la Chambre. Puis le projet de loi ainsi allongé reprit le chemin du Sénat. Mais celui-ci, après la discussion de plusieurs contre-projets, persista dans son idée primitive et retrancha les cinq articles. De guerre lasse, la Chambre finit par adopter le texte voté par le Sénat. Voilà la genèse de la loi nouvelle. Son *intitulé* et son article 2 rappellent seuls les préoccupations de ses promoteurs. Une disposition d'ensemble a remplacé le statut particulier que l'on voulait créer pour les employés des compagnies de chemins de fer. Loin d'apporter un bouleversement aux règles que vous aviez posées, cette disposition générale est venue les consacrer. Indépendamment des documents déjà cités, cette idée ressort des paroles de plusieurs orateurs.

« Il faudra absolument », disait M. Loreau à la Chambre des députés, « qu'il soit établi par la partie plaignante qu'il y a eu *abus;* ce n'est que dans le cas net et précis où il y aurait eu *abus* jugé par le tribunal, qu'il pourrait y avoir lieu à des dommages-intérêts » (Séance du 22 décembre 1890, p. 2619, col, 1, *in fine*).

« La loi », disait aussi M. Humbert, président de la commission du Sénat, « a déclaré que la résiliation ne pourrait pas être faite *d'une manière contraire à l'équité* sans donner lieu à des dommages-intérêts. Voilà l'idée fondamentale » (Séance du 27 novembre 1890, p. 1096, col. 3). Et M. Trarieux présentait, à la d'une convention expresse ou d'un usage, *sans aucune raison, c'est-à-dire abusivement*, ou encore *dans l'intention de nuire;* et ensuite dans le préjudice éprouvé par la victime de la résiliation.

2° Et l'obligation pour celui qui se prétend lésé de *prouver* à la fois qu'il y a eu de la part de son adversaire *faute ou abus dans l'exercice de son droit*, et pour lui préjudice *résultant de l'exercice de ce droit*.

Le quatrième alinéa renferme la disposition, qui, de toutes celles de la nouvelle loi, donne lieu aux plus nombreuses difficultés, parce qu'elle déroge au principe de la liberté des conventions posé par l'article 1134. Elle a paru dans l'origine porter une grave atteinte à certaines clauses de règlements d'atelier, et rendre illicite toute convention déterminant à l'avance l'indemnité à payer par celui qui romprait le contrat, ou toute convention fixant la durée du délai-congé ou même supprimant tout délai.

Dans les endroits où existe l'usage du délai-congé, huitaine, quinzaine, l'indemnité allouée pour brusque rupture du contrat représentait généralement, avant l'apparition de la loi, le salaire de la huitaine ou de la quinzaine; et il avait paru à certains tribunaux que la renonciation à tout délai-congé équivalait à une renonciation à des dommages-intérêts, et par conséquent qu'une cause semblable était illicite.

Ce quatrième paragraphe a donc donné lieu aux questions suivantes :

---

même séance, une observation analogue (*Ibid.*, p. 1097, col. 2). Ainsi, l'historique de la loi, malgré une certaine confusion régnant dans les travaux préparatoires, vient à l'appui de notre opinion.

Mais, Messieurs, il est une chose autrement décisive que les discussions des Chambres, c'est le texte de la loi lui-même. L'article 1er de la loi de 1890 proclame que la faculté de résiliation existe dans tout contrat de louage de services fait sans détermination de durée. Il s'agit donc d'un *droit* reconnu expressément par le législateur au profit de chacune des parties. Or l'exercice d'un droit ne peut engager la responsabilité de celui qui en use normalemnet. Pour réussir dans une demande de dommages-intérêts, l'autre contractant sera donc tenu d'établir que le droit a été dépassé, qu'il en a été fait par son adversaire un *emploi abusif* constituant, comme nous le disions, une *faute particulière*. Soit, dira-t-on! Seulement, s'il en est ainsi, la loi nouvelle est sans utilité aucune. Je ne saurais le croire. Tout d'abord elle a entendu que les Tribunaux se montrassent plus larges dans l'appréciation des faits à considérer comme constitutifs de la faute. Elle a, en outre augmenté le nombre des éléments dont il faut tenir compte, une fois la faute établie, pour fixer le montant de l'indemnité. Elle a enfin déclaré illicite la renonciation anticipée à une réclamation de dommages-intérêts.

Voilà certes des résultats importants qui démontrent l'unité de l'addition faite en 1890 au code civil.

En quoi consistera la *faute* spéciale dérivant de la loi nouvelle? Sur ce point, il est impossible de tracer des règles absolues. La solution variera nécessairement avec chaque espèce; pas de difficulté lorsque des usages constants auront été méconnus, lorsque, à défaut d'usage, les parties seront convenues expressément ou implicitement de ne pouvoir se dégager unilatéralement qu'en observant certains délais ou certaines autres conditions. Pas de difficulté non plus, lorsqu'on relèvera chez le contractant qui arrête le cours de la convention, une intention de nuire à son cocontractant. Mais, lorsque rien de pareil ne se rencontrera, il faudra examiner de près les circonstances. Voici une partie qui a laissé imprudemment croire à l'autre que les services auraient une certaine durée. Il sera possible de trouver dans ce fait une faute. Voici un patron qui, en dehors d'un usage général applicable à l'industrie qu'il exerce, a, dans sa maison certaines habitudes. Il fait une exception au détriment de l'un de ses ouvriers et le congédie brusquement. Cet acte pourra encore, suivant les circonstances, constituer la faute particulière dont nous nous occupons. Je ne veux pas, Messieurs, multiplier les exemples et j'aborde le dernier point qu'il me reste à examiner.

Les juges du fond ont-ils pour la détermination de la faute relative au contrat de louage de services un pouvoir souverain d'appréciation, ou, au contraire, leur décision tombe-t-elle sous votre contrôle?

J'estime, Messieurs, qu'ici encore les règles constantes de votre jurisprudence doivent être suivies. Assurément le juge du fond sera souverain pour constater les faits, pour préciser l'existence d'usages particuliers ; mais les conséquences juridiques tirées de ces constatations tomberont nécessairement sous votre contrôle. Vous vous réservez d'examiner en matière de faute contractuelle ou quasi-contrac-

1° Dans le contrat de louage à durée indéterminée, les parties ont-elles la faculté de ne pas tenir compte des usages en matière de congé, de déterminer à l'avance la durée du préavis, et même de le supprimer totalement; 2° Ont-elles la faculté de déterminer par avance, par application de l'article 1152 C. C., au moyen d'une clause pénale, l'indemnité à payer par suite d'une brusque rupture de contrat?

Avant la loi de 1890, il était généralement admis que chaque partie pouvait, à tout moment, résilier le contrat en donnant congé à l'autre dans le délai fixé par l'usage des lieux.

La loi de 1890 est muette sur ce point, et la question n'a pas été posée d'une façon précise dans les discussions qui en ont précédé le vote. M. Poincaré, dans son rapport à la Chambre des députés, le 29 décembre 1888, ayant déclaré : « qu'il n'était ni pratique, ni équitable d'instituer d'avance pour des hypothèses variables un délai uniforme de congé ».

Et cependant aussitôt la promulgation de la loi, les difficultés surgissaient de tous côtés à raison de l'application de la clause des règlements d'atelier supprimant le délai de congé.

Aussi, en 1892, M. Rodat proposait à la Chambre des députés d'ajouter à l'article 1780 la disposition suivante :

« Lorsque le contrat de louage n'aura pas été formé pour un temps ou pour une entreprise déterminée, les parties pourront se dégager de leurs obligations en se donnant congé suivant les usages établis, et, s'il n'existe pas d'usages, en observant un délai au moins égal à la durée d'un terme de paiement des salaires stipulés, sans que ce délai puisse être moindre de trois mois. »

Dans le même sens, la proposition de loi sur les règlements d'atelier, adoptée par la Chambre des députés le 5 novembre 1892, dispose dans son article 5 : « Le contrat intervenu entre le patron et l'ouvrier ne peut prendre fin qu'après l'expiration d'un délai, dit de prévenance, dont la durée sera conforme aux usages locaux, mais ne pourra être inférieure à une semaine.

---

tuelle, si la loi a été violée. Vous allez même jusqu'à vérifier si la faute telle qu'elle dérive des faits souverainement constatés constitue une *faute grave*. (Civ. Cass., 12 janvier 1892, D. 92. 157). Comment donc votre droit de censure cesserait-il de s'exercer au sujet de la faute imputée à la partie qui rompt un contrat de louage de services? Il n'y a nulle raison de déroger en cette matière aux principes depuis longtemps consacrés.

Votre Chambre, Messieurs, n'a pas encore eu à statuer sur l'application du nouvel article 1780. Mais la Chambre des Requêtes a déjà rendu trois arrêts à son sujet. Les deux premiers (R. 28 juin 1893, 21 novembre 1893, Dal, 1893, 474. 1894. 237) n'ont pas d'intérêt particulier dans l'affaire actuelle. Mais le troisième (R. 14 nov. 1894, Dal. 1895. 36) déclare très nettement que l'employé congédié ne peut réclamer « dans toutes les circonstances » des dommages-intérêts. Toutefois, cette décision attribue aux juges du fond un pouvoir d'appréciation sur lequel je dois faire des réserves.

En résumé, j'estime, d'une part, qu'une condamnation à des dommages-intérêts ne peut intervenir qu'autant qu'une faute particulière est constatée, et, d'autre part, que la décision du juge du fait relativement à l'existence de cette faute demeure soumise à votre contrôle. Tels sont, Messieurs, les principes généraux qui me paraissent devoir être appliqués dans le présent procès et dans les autres espèces sur lesquelles la cour est appelée aujourd'hui à se prononcer.

» Cette disposition du délai de congé ne s'applique pas aux travaux temporaires, dont la durée est déterminée au moment de l'embauchage. »

Cette disposition, claire, précise, conforme aux principes de morale et d'équité qui doivent régir toutes les lois sur le travail, n'est malheureusement aujourd'hui encore qu'à l'état de projet, et en attendant qu'elle revoie le jour, c'est la jurisprudence qu'il faut consulter pour trouver la solution de la question, et nous verrons plus loin qu'elle est presque unanime pour déclarer licite toute convention déterminant ou même supprimant totalement le délai de prévenance.

C'est dans la séance du 28 novembre 1890 qu'a été discuté et voté ce fameux quatrième alinéa proposé par M. Trarieux, en remplacement du texte suivant voté par la Chambre des députés : « *Toute stipulation contraire aux dispositions qui précèdent est nulle de plein droit.* »

MM. Buffet et Lacombe combattaient vivement cette disposition ; ils invoquaient le principe de la liberté des contrats, prétendaient qu'une semblable prohibition portait un grave préjudice au commerce, en rendant impossible pour l'industrie la faculté de diminuer son personnel selon les besoins de son industrie, comme aussi pour l'ouvrier ou pour l'employé de ne pouvoir, au moyen d'un dédit stipulé d'avance, quitter un établissement pour entrer dans un autre où il trouverait une situation meilleure, et M. Buffet terminait en ces termes : « Votre article ne s'applique qu'aux contrats de louage de travail sans durée déterminée. Convenez que si le projet est voté, les entreprises qui feront de semblables contrats seront bien imprudentes. Elles seront naturellement conduites à n'engager leurs employés que pour une durée déterminée et éviter ainsi l'application de la loi. Votre article s'y opposera-t-il ? On n'oserait le supposer. »

En présence de ces objections, M. le Président posait au Sénat la question suivante : « Il y aurait cependant une question intéressante à élucider au point de vue de l'application ultérieure de la loi : si, par exemple, *une clause pénale prévoyait la rupture du contrat, cette clause serait-elle nulle* en présence de la disposition qui vous est proposée. »

M. Lacombe appuyant les protestations de M. Buffet, et montrant toutes les conséquences graves et périlleuses que pouvait entraîner la prohibition de toute stipulation de dédit, s'écriait : « Vous voulez donc que l'indemnité soit fixée par les tribunaux, et vous n'en admettez pas la fixation préalable et amiable !... *mais c'est le procès obligatoire que vous voulez imposer aux parties !* »

Et sur l'observation que les clauses du dédit pouvaient être plutôt imposées à l'ouvrier qu'acceptées librement par lui, l'honorable Sénateur ajoutait : « Pourquoi voulez-vous que la stipulation ne soit pas aussi libre en ce qui concerne le dédit stipulé qu'en matière de salaire ? Pourquoi ne dites-vous pas également, en ce qui concerne le salaire, qu'il faudra donner aux tribunaux la mission d'apprécier s'il a été fixé équitablement et s'il est en proportion avec les services rendus? La question est absolument la même : liberté de discuter les conditions du dédit ou liberté de discuter le salaire, c'est tout un; ce qui peut être fait dans des conditions de liberté suffisante pour le salaire, peut l'être également pour le dédit. Votre raisonnement, s'il était juste, devrait arriver à faire interdire d'une manière complète le louage, et à confier aux tribunaux le soin d'en régler les conditions. »

M. le Président précisait la question : « Dans l'intérêt de l'application de la loi, je crois qu'il serait bon que la Commission s'expliquât sur ces deux points. Voici le premier : La Commission interdit-elle, par sa disposition, la convention qui intervient entre une Compagnie et un employé, lorsque, dans cette convention, prévoyant la rupture du contrat, on a stipulé l'indemnité qui serait alors due? N'y aurait-il pas lieu de stipuler l'impossibilité par le contractant de limiter son droit par une clause pénale? Voici le second point : il semble résulter de la rédaction de M. Trarieux, adoptée par la Commission, qu'une transaction ne pourrait intervenir entre la Compagnie et l'ouvrier, sans passer par les tribunaux, c'est ce qui faisait dire à M. Lacombe que l'on organisait le procès obligatoire. »

Et c'est alors que M. Trarieux fait la délaration importante suivante : « Si, en principe, nous permettions de fixer par avance les dommages-intérêts par des clauses pénales, nous aurions, comme je l'ai déjà démontré, à redouter qu'elles ne servissent de moyen pour éluder une loi que nous voulons rendre obligatoire. Quant à ces clauses pénales *sérieusement et équitablement stipulées par les parties* dont M. Lacombe a parlé nous n'avons point à nous en préoccuper, car il nous a paru d'évidence *qu'elles feraient forcément la loi des tribunaux*, si ceux-ci étaient appelés à en apprécier le caractère. En donnant, en effet, à la justice, comme règle de ses décisions, la mission de se référer aux usages, et à toutes les circonstances propres à l'éclairer, il n'y a point à craindre qu'elle néglige de *sanctionner*, en se les appropriant, *des conditions qui lui auraient paru loyales et équitables*, mais ce que nous ne voulons pas, c'est que la porte reste ouverte à des simulations ou à des fraudes, et c'est pour ce motif que nous avons tenu à réserver, en toute hypothèse, ce contrôle, s'il plaisait aux parties, à leurs risques et périls, d'y référer. »

Et sur de nouvelles observations de M. Lacombe et de M. Buffet, M. Trarieux répond : « Les tribunaux auront la mission d'être équitables quand on les consultera, et nous avons pleine confiance dans leur prudence et dans leur justice, »

Ce sont ces explications qui ont servi de base à l'interprétation faite par les tribunaux du véritable sens et de la portée de la loi du 27 décembre 1890.

Ainsi il a été jugé que :

Toute convention légalement formée tenant lieu de loi à ceux qui l'ont faite, est licite la convention réciproque par laquelle le patron et l'ouvrier stipulent que chacun pourra se séparer de l'autre *sans se prévenir à l'avance.*

Celle des parties qui *n'a point fait un usage abusif* de son droit de résiliation n'est tenue envers l'autre *à aucune indemnité.* (Trib. com. Lille, 26 mai 1891.)

Il est licite d'inscrire dans un règlement d'atelier la *suppression de tout délai de prévenance réciproque;* mais, est illicite la renonciation à l'avance par l'une des parties au droit éventuel de demander des dommages-intérêts basés sur la rupture du contrat, dans le cas où cette rupture serait une cause de préjudice. (Trib. com. Roubaix, 6 août 1891.)

Sont valables et licites les conventions intervenues entre un patron et un ouvrier, aux termes desquelles, loin de renoncer au droit qu'elles pourraient avoir en cas de brusque rupture du contrat, *elles fixent au contraire et déterminent à l'avance ce droit éventuel* d'après la durée des services de l'employé et sa situation au jour de son départ.

La loi de 1890 n'a point abrogé l'article 1152 C. C. édictant que lorsque la convention porte que celui qui manquera de l'exécuter, paiera une certaine somme à titre de dommages-intérêts, *il ne peut être alloué à l'autre partie une somme plus forte ni moindre.* (Trib. comm. Seine, 3 juin 1893.)

La résiliation du contrat de louage par le fait de l'un des contractants peut donner lieu à des dommages-intérêts, lorsque la partie qui en est l'auteur a fait de son droit *un usage abusif et préjudiciable.*

Lorsque l'ouvrier congédié n'a invoqué aucune convention l'autorisant à réclamer une indemnité en cas de brusque rupture du contrat, ni aucune circonstance, impliquant, de la part du patron, *un abus de son droit de résiliation,* manque de base la décision qui, pour allouer au demandeur des dommages-intérêts se fonde uniquement sur ce fait qu'il aurait été renvoyé *sans délai-congé.* (Cass. Ch. civ., 20 mars 1895.)

Est licite, la clause d'un règlement intervenu, *accepté par l'ouvrier,* stipulant une *indemnité réciproque déterminée,* à la charge du patron en cas de brusque renvoi, ou de l'ouvrier, en cas de brusque départ. (Trib. civ. Lyon, 31 juillet 1895.)

Est licite et obligatoire la clause d'un règlement particulier qui *supprime* dans un atelier *tout délai de prévenance* tant pour les ouvriers que pour le patron ; une telle cause ne tombant point sous le coup de la nullité que prononce le quatrième paragraphe de la loi du 27 décembre 1890. (Cass. Ch. civ., 6 novembre 1895.)

Est *nul* l'engagement, en matière de contrat de louage de services, pris par un employé qui déclare accepter la condition du congé immédiat, *sans indemnité*. (Trib. civ. Saint-Etienne, 17 novembre 1896.)

La disposition de l'article 1780 du Code civil, qui déclare nulle toute convention par laquelle, les parties engagées dans un contrat de louage de services à durée indéterminée auraient renoncé par avance au droit éventuel de demander des dommages-intérêts, interdit au juge de repousser *de plano* une action en indemnité par *l'unique motif* que, d'après l'article 1134 du Code civil, les conventions légalement formées tiennent lieu de loi à ceux qui les ont faites : *l'article 1780 déroge en effet sur ce point spécial à l'article 1134*. (Cass. Ch. civ., 9 juin 1896.)

Pourra être passible de dommages-intérêts le patron qui aura brusquement renvoyé son ouvrier, sans pouvoir *alléguer contre lui aucun grief ni infraction au règlement, ni insubordination, ni incapacité, ni mauvais travail, qui n'invoquera pas davantage le manque d'ouvrage, mais seulement son bon plaisir*. (Trib. comm. Reims, 5 mai 1897.)

Il résulte donc et de la discussion qui a précédé le vote de la loi, et de l'état actuel de la jurisprudence que ce que le nouvel article 1780 interdit dans son quatrième paragraphe, ce sont des renonciations générales au droit de demander des dommages-intérêts pour quelque cause que ce soit, mais que ce ne sont nullement les renonciations partielles limitées à tel ou tel droit contractuel, comme la suppression du délai de prévenance, ou la fixation de l'indemnité par des clauses pénales.

Cependant il faut reconnaître aussi que la liberté laissée aux parties dans l'établissement de leurs conventions est très précaire, que l'interprétation donnée à la loi de 1890 par les législateurs eux-mêmes et par la jurisprudence met en échec, si elle ne les abroge pas, les dispositions toutes de droit commun des articles 1134, 1152 du Code civil et que si elle ne rend pas le procès obligatoire, comme le disait M. Lacombe, du moins elle ouvre la porte à toutes les difficultés, et, vague, indécise, ne posant aucune base, aucun principe, aucune règle, laisse à l'arbitraire l'examen des conventions intervenues librement entre les parties, comme aussi la solution des difficultés qu'elles peuvent engendrer.

DE LA RUPTURE DU CONTRAT.

Nous ne nous étendrons pas longuement sur les motifs qui peuvent légitimer la rupture du contrat, *avec ou sans dommages-intérêts*.

Il nous suffira de dire, qu'en principe, toute situation nouvelle et contraire aux termes du contrat, amenée par l'une des parties contractantes peut autoriser celle qui en est la victime à reprendre sa liberté, à la condition toutefois qu'elle n'ait rien fait de son côté qui puisse justifier la mesure prise contre elle.

Si le premier contractant justifie par ses actes personnels la rupture du contrat et souvent, en outre, une demande de dommages-intérêts, le second doit bien se garder d'user de représailles et agir avec une très grande prudence pour éviter une double condamnation. Les torts de l'un ne légitiment pas ceux de l'autre, ils peuvent tout au plus les atténuer. Le second doit réclamer amiablement ce que son droit lui confère et, en cas de refus, s'adresser à la justice.

Mille causes peuvent provoquer la rupture d'un contrat; nous ne nous permettrons pas, en conséquence, de nous écarter de la donnée générale. Mais on peut dire qu'elles sont toutes fournies, soit :

1° Par le manquement aux engagements pris sous toutes leurs formes ;

2° Par les injures, les violences, l'insubordination, le mauvais travail, l'infraction aux règlements ;

3° Les modifications apportées dans une situation bien déterminée dans le contrat en termes clairs et précis, et dont le but peut amener des résultats contraires à l'esprit de ce contrat.

En un mot par tout ce qui peut porter un préjudice quelconque aux intérêts pécuniaires et même moraux de l'une des parties contractantes.

DE L'AFFICHAGE DES RÈGLEMENTS D'ATELIER.

L'appréciation de la loi de 1890 a soulevé incidemment une question qui nous paraît des plus intéressantes.

L'affichage d'un règlement dans un atelier suffit-il seul pour faire la loi des parties et rendre obligatoires pour chacune d'elles les clauses qu'il comporte; ou au contraire ces clauses doivent-elles faire l'objet d'une acceptation formelle de la part de l'ouvrier au moment de son entrée dans l'usine?

Les clauses d'un règlement d'atelier doivent être divisées en deux catégories distinctes.

Les unes, considérées comme unilatérales, sont celles qui sont l'œuvre du patron comme chef de son usine; elles constituent l'ensemble des mesures qu'il croit devoir prendre pour l'organisation et la discipline du travail, les précautions contre les accidents, les moyens d'assurer la sécurité des travailleurs, la salubrité, le maintien des bonnes mœurs, les heures d'entrée et de sortie des ateliers, les jours et le mode de paiement des salaires, les amendes qu'il peut infliger à ceux qui y contreviennent, toutes mesures enfin qu'il peut modifier à son gré parce qu'elles dérivent du droit qu'il a d'être le maître chez lui, et dont la validité a été à maintes reprises consacrée par la jurisprudence (1).

Les autres sont celles qui fixent les salaires, dérogent à certaines coutumes ou à certains usages généralement suivis et acceptés comme loi par tous ; elles comportent pour le patron et l'ouvrier des obligations réciproques, comme par exemple, l'usage adopté presque partout de ne pas rompre le contrat sans avertissement préalable.

Ces sortes de clauses constituent le contrat synallagmatique, et, par cela même, doivent faire l'objet de l'acceptation et du consentement formels des parties contractantes.

Dans l'espèce qui a donné lieu à la question, l'ouvrier réclamait à son patron des dommages-intérêts pour renvoi sans congé préalable, et le patron, excipant du règlement de son usine portant suppression de tout délai de préavis, l'ouvrier prétendait qu'il n'avait eu connaissance ni du règlement ni de la clause invoquée, et qu'en conséquence le contrat était régi par le droit commun et les usages.

Le Conseil de Prud'hommes de Reims, dans un jugement du 20 mars 1897, a décidé que le patron n'ayant pas donné connaissance de son règlement à l'ouvrier au moment de son entrée à l'usine, celui-ci n'avait point donné le consentement exigé par l'article 1108 pour la validité des conventions, que le contrat passé entre le patron et l'ouvrier s'était formé au moment même de l'entrée de l'ouvrier dans les ateliers, sous l'empire du droit commun et des usages, et que le patron n'était pas fondé à opposer une clause qui n'avait pas fait l'objet d'une acceptation formelle de la part de l'ouvrier.

Tout autre a été la décision du Tribunal de Commerce auquel la sentence des Prud'hommes a été déférée :

Sur le point de savoir si l'affichage des règlements d'atelier suffit pour les rendre opposables aux ouvriers d'une usine ou d'un chantier ;

Attendu que ce mode de porter à la connaissance des ouvriers les conditions du travail est consacré à Reims par un usage constant ;

Que cet usage est même fortifié par la législation, puisque toutes les lois et décrets se rapportant aux conditions du travail dans les manufactures prescrivent l'affichage de leur texte dans les ateliers.

Attendu d'ailleurs que le chef d'atelier ne peut pas faire un contrat spécial avec chaque ouvrier, mais qu'il offre à tous le travail aux mêmes conditions qu'il croit

(1) Cass. 30 décembre 1852 et 12 décembre 1850. D. 53. 1. 45 et D. 54. 1. 20. — Cass. 15 avril 1872. D. 72. 1. 176. — Cass. 7 août 1877. D. 78. 1. 384. — Cass. 14 février 1886. D. 66. 1. 84.

nécessaires ou utiles à la bonne marche de son entreprise et que l'ouvrier qui sollicite le travail peut accepter ou refuser ; que ces conditions qui constituent les règlements d'ateliers sont même susceptibles de modifications fréquentes par suite de changements soit dans la législation, soit dans la nature du travail; que l'usage de procéder par affichage paraît être le seul qui soit compatible avec ces exigences; qu'il appartient donc à l'ouvrier qui sollicite du travail dans un atelier de prendre connaissance des règlements et que, pourvu qu'il ait été mis à même de le faire par des affiches convenablement disposées, il doit être présumé avoir accepté toutes les clauses par le seul fait qu'il a accepté le travail offert.

Attendu que si cette acceptation tacite par l'ouvrier des clauses d'un contrat qu'il n'est pas appelé à discuter et qu'il peut être quelquefois obligé de subir, pressé qu'il est par le besoin de gagner sa vie, peut paraître excessive, il faut reconnaître que sa situation d'infériorité ne serait pas changée par ce seul fait qu'on aurait proposé à sa signature, à son entrée dans l'atelier, un contrat en bonne et due forme et que cette espèce de contrainte morale que peut subir l'ouvrier est singulièrement atténuée par la nature essentiellement précaire du contrat de louage de services, révocable à la volonté de l'une ou l'autre des parties et qui lui permet de s'affranchir d'un contrat qui lui semble onéreux aussitôt que l'occasion s'en présente pour lui;

Attendu que B., en acceptant le travail qui lui était offert chez M. et Cie, acceptation établie par son séjour d'environ un mois dans leur usine, l'a tacitement accepté avec toutes les conditions spéciales à cet établissement, dont il a été mis à même de prendre connaissance par l'affichage du règlement de l'usine, fait qui n'est pas dénié par lui ; que toutes les clauses de ce règlement lui sont donc opposables en tant qu'elles ne sont pas contraires aux lois ;

. . . .

Par ces motifs : Réformant le jugement du Conseil de Prud'hommes, etc.

Il ne nous appartient pas de critiquer l'une ou l'autre de ces décisions ; cependant nous ne pouvons pas ne pas les rapprocher d'un arrêt de la Cour de Cassation du 11 mai 1886, ainsi conçu :

Attendu que les patrons et les ouvriers peuvent, sans porter atteinte au principe d'ordre public, déroger aux usages locaux concernant les congés à donner soit par les patrons, soit par les ouvriers.

Attendu en fait que les sieurs Houel et Picard ont fait afficher dans les endroits les plus apparents de leurs ateliers un règlement portant une clause ainsi conçue : « Quel que soit le mode de paiement, les ouvriers de l'établissement ont le droit de faire établir leur compte à toute heure de la journée, et de s'en aller quand bon leur semblera ; les patrons, par réciprocité, peuvent les renvoyer à n'importe quelle heure de la journée. »

Attendu que des énumérations du jugement attaqué il résulte que le sieur Letellier *n'a accepté de travailler* dans les ateliers des sieurs Houel et Picard *qu'avec connaissance* de la clause ci-dessus énoncée.

Attendu que *le contrat ne s'étant formé que par l'accord intervenu* entre le patron et l'ouvrier, ce contrat doit être exécuté suivant les termes mêmes de la convention, que ces termes soient clairs, formels et non susceptibles d'interprétation.

Attendu qu'en condamnant dans ces conditions les sieurs Houel et Picard à payer au sieur Letellier une somme de 22 francs pour la semaine de congé à laquelle celui-ci prétendait droit, le jugement a attaqué et violé les articles de loi invoqués par le pourvoi.

Par ces motifs : Casse, etc.

Cet arrêt rendu antérieurement à la loi de 1890 fait une stricte application de l'article 1134; ce n'est pas sur ce point que notre attention a été éveillée, mais ce qu'il faut relever, ce sont les motifs donnés par les juges : « *L'ouvrier n'a accepté de travailler qu'avec connaissance de la clause... Le contrat s'est formé par l'accord intervenu* entre le patron et l'ouvrier...

La Cour de Cassation n'insiste-t-elle pas d'une façon toute spéciale, non équivoque et bien soulignée, sous différentes formes, sur ce point que la renonciation par les parties au délai-congé ne saurait résulter que d'une convention bien établie, c'est-à-dire du concours des volontés des parties au moment même de l'embauchage, et que c'est parce que ce concours de volontés a été complètement établi qu'elle infirme la décision des premiers juges ?

Nous laissons aux jurisconsultes le soin de résoudre la question en attendant qu'elle soit posée nettement à la Cour suprême elle-même.

En terminant cet examen de la loi de 1890, nous ne pouvons résister au désir d'exprimer avec l'éminent jurisconsulte belge, M. George Cornil [1], le regret de voir « l'insuffisanee des dispositions législatives régissant » actuellement les rapports juridiques des patrons et des ouvriers. La » plupart des tribunaux considèrent qu'il est de leur devoir, non seulement » de combler les lacunes de la loi, mais même de modifier et de rectifier » les principes généraux dont l'expérience a démontré l'inapplicabilité au » louage de services. Si une iniquité de la loi est corrigée par les tribunaux, » les justiciables restent soumis à l'arbitraire et au caprice des juges, une » incertitude continuelle plane sur l'exercice de leurs droits ; les palliatifs » inventés par la jurisprudence ne font qu'endormir le mal sans le guérir. » Or, n'est-il pas dangereux d'endormir la vigilance du législateur et de » lui dissimuler les plaies et bosses de son œuvre ? Le pouvoir judiciaire » s'avilirait-il en se bornant à appliquer scrupuleusement les lois exis- » tantes ? Il arriverait ainsi, le cas échéant, à montrer, par l'iniquité même » de ses sentences rigoureusement conformes à la loi, les imperfections et » les lacunes de celle-ci, et provoquerait la revision immédiate de toutes » dispositions législatives soit surannées, soit contraires à l'équité. »

---

(1) Du Louage de services et du Contrat de Travail. — Ouvrage couronné par la Faculté de droit de Paris. — Prix Rossi 1894. — Paris. Thorin et Fils, Editeurs.

DU DÉLAI D'ESSAI

Il existe dans l'industrie du Bâtiment, un usage ou plutôt une habitude — nous disons habitude, car nous ne sachions pas que la manière de faire que nous allons indiquer ait jamais été l'objet d'une constatation et d'une consécration légales — aux termes de laquelle la première huitaine qui suit l'embauchage est considérée comme huitaine d'essai, et pendant le cours de laquelle patron et ouvrier peuvent se séparer sans avis préalable.

Cette habitude, qui paraît être l'application du vieil adage populaire : « C'est au pied du mur qu'on juge le maçon », nous paraît excellente en soi, et nous verrions volontiers d'abord qu'elle prenne le caractère d'usage légal, et qu'elle soit ensuite adoptée par les industriels de toutes catégories.

Elle permet au patron de connaître et juger son ouvrier, et à celui-ci de se familiariser avec le travail qui lui est confié ; à tous deux de s'entendre complètement et définitivement sur toutes les conditions du travail.

Appliquée dans les manufactures, ateliers ou chantiers régis par des règlements particuliers, indiquée, si l'on veut, en gros caractères, en tête de ces mêmes règlements, ou à la porte des ateliers, elle supprime d'un seul coup toutes les difficultés qui peuvent naître de la connaissance de ces mêmes règlements et de leur appréciation.

La longue pratique que nous avons des différends qui surgissent entre patrons et ouvriers nous autorise à penser que l'application générale de la huitaine d'essai rendrait à tous de grands services dans la question si compliquée aujourd'hui de l'organisation du travail.

Un texte de loi consacrant l'usage de la période d'essai aurait, selon nous un effet des plus salutaires. C'est ce qu'a pensé le législateur suisse en édictant que : « Lorsqu'il s'agit d'ouvriers ou de domestiques, et qu'il n'existe ni usages locaux ni conventions contraires, les deux premières semaines de service sont considérées comme un temps d'essai, en ce sens que, pendant la durée de ce délai ou à son expiration, chacune des parties peut résilier le contrat moyennant un simple avertissement de trois jours au moins. »

DU MARCHANDAGE

A côté de cet usage de la huitaine d'essai que nous venons de préconiser, il en est un autre qui va jusqu'à l'abus et qui donne lieu à des procès non seulement nombreux, mais hérissés de difficultés et dont la solution satisfait rarement le juge lui-même.

Nous voulons parler de la rétrocession totale ou partielle des marchés de travaux.

Derrière les grands entrepreneurs qui soumissionnent les travaux importants de construction ou les créent eux-mêmes, il existe une quantité d'entrepreneurs de second ordre, marchandeurs, tâcherons, simples ouvriers même, auxquels les premiers concèdent l'exécution de travaux de nature différente, tels que la couverture, la charpente, la taille des pierres, la pose des parquets, etc.

Cette sous-entreprise se fait quelquefois verbalement, mais le plus communément au moyen d'un contrat écrit que le Code appelle « Marché ».

Ecrit, discuté à l'avance, le marché fait la loi des parties ; malheureusement le sous-entrepreneur n'a pas toujours compris la nature et l'étendue des engagements qu'il a pris — loin de nous toute pensée de suspicion à l'égard de l'honorabilité et de la bonne foi de l'entrepreneur, — mais le tâcheron n'a le plus souvent ni l'instruction, ni les capacités techniques nécessaires pour déterminer d'avance les prix auxquels il peut sous-entreprendre. Il engage des ouvriers, commence les travaux et ne tarde pas à s'apercevoir qu'il s'est trompé. C'est alors que s'ouvre l'ère des difficultés : il n'a point fait de prix avec ses ouvriers, souvent ses camarades de travail dans d'autres circonstances ; il n'est payé de l'entrepreneur principal qu'au fur et à mesure de la bonne exécution des travaux et de la réception par l'architecte. Pour éviter une perte, il cherche, suivant le terme vulgaire, à *se rattraper* par tous les moyens ; il se sert de matériaux de moins bonne qualité, emploie ses ouvriers tantôt à l'heure, tantôt à la tâche, suivant que tel ou tel mode lui paraît le plus profitable, ne les paie que par à-compte et souvent seulement sur des réclamations successives.

En présence de malfaçons, l'entrepreneur principal arrête les paiements, le tâcheron n'ayant pas de ressources personnelles, le simple ouvrier n'est point payé.

Mais à l'achèvement des travaux les difficultés prennent de plus grandes proportions. Il arrive que le tâcheron, au moyen des acomptes qu'il a reçus, a été payé de tout ce qui lui est dû, parfois même il a reçu davantage. Il n'a plus rien à donner à ses ouvriers, de longs jours se sont passés, quelquefois plusieurs mois, sans qu'aucun compte ait jamais été arrêté ; de là des discussions interminables sur le prix et le nombre des heures de travail, sur la partie de tels ou tels travaux exécutés à l'heure ou à la tâche, laissant dans le plus grand embarras le juge auquel il n'est fourni que des allégations contredites, appuyées sur des documents informes.

Et le plus souvent le simple ouvrier est la victime ou de l'incapacité ou de l'insolvabilité du sous-traitant.

Quel est le remède à apporter à un état de choses aussi regrettable ?

Quelle peut être la responsabilité de l'entrepreneur principal ; quels sont ses devoirs ?

Un seul texte, l'article 1798 du Code civil, nous renseigne à ce sujet.

Si, en effet, il ressort de l'ensemble des dispositions du décret du 26 pluviôse an II, que seuls, parmi les créanciers de l'entrepreneur, les ouvriers peuvent prétendre aux sommes dues à ce dernier pour avoir paiement de leur salaire, ce décret ne vise que les travaux publics.

Le législateur a voulu créer une sorte de privilège en faveur des ouvriers qui ont travaillé pour le compte de l'Etat.

Il en est de même de la loi des 25-29 juillet 1891 qui a étendu les dispositions du décret de pluviôse aux travaux exécutés pour les départements, communes et établissements publics. Les textes spéciaux laissent de côté, comme on le voit, les travaux exécutés pour le compte des particuliers.

Il faut donc bien, en ce qui les concerne, en revenir à l'article 1798.

Aux termes de cet article, la responsabilité de celui qui fait construire n'est engagée, envers les maçons, charpentiers et autres ouvriers employés à la construction d'un bâtiment ou d'autres ouvrages faits à l'entreprise, que jusqu'à concurrence des sommes dont il se trouve débiteur envers l'entrepreneur au moment où l'action est intentée.

On est à peu près d'accord pour reconnaître que ce texte accorde aux ouvriers l'avantage d'une action directe et personnelle contre celui qui fait construire.

Mais il est certain que cette action reste limitée aux sommes par lui dues à l'entrepreneur au moment où elle est intentée.

Telles sont les dispositions du texte qui, à défaut d'autre et par analogie, doit être appliqué à notre espèce.

Aussi a-t-il été décidé que l'ouvrier engagé par un sous-traitant n'avait d'action contre l'entrepreneur principal que jusqu'à concurrence des sommes dues par celui-ci à ce sous-traitant. (Cassation, 27 avril 1863. — Tribunal de Commerce, Seine, 9 août 1892.)

Il a été décidé aussi que l'entrepreneur général qui, aux cours des travaux, avait versé des acomptes aux ouvriers, était, de ce fait, directement engagé envers eux pour le surplus de ces travaux.

Toutefois, cette doctrine n'est pas consacrée d'une manière uniforme par la jurisprudence.

Certains Conseils de Prud'hommes ont décidé que l'ouvrier n'a d'action que contre l'entrepreneur général, le sous-traitant ou tâcheron n'étant considéré que comme son préposé ; d'autres se réservent le droit d'examiner s'il y a eu abus ou exploitation des ouvriers par le sous-traitant.

A nous, il nous a souvent été donné de constater qu'en s'engageant avec le sous-traitant, l'ouvrier, sans arrière-pensée, compte entièrement dépendre de lui — puisqu'il ne connaît que lui — dans sa bonne comme dans sa mauvaise fortune, et que ce n'est que par suite de difficultés imprévues avec ce sous-traitant ou tâcheron qu'il s'adresse, comme suprême ressource, sans être bien convaincu de son droit, à l'entrepreneur général.

Celui-ci, le plus souvent, décline toute responsabilité étant lui-même, la plupart du temps, libéré vis-à-vis de son sous-traitant.

Aussi, en raison de ces divergences, est-il du devoir de l'entrepreneur de prendre des mesures de nature à éviter toutes difficultés ultérieures.

Travail dit salaire, rémunération, et aujourd'hui que les relations entre le travail et le capital sont plus que jamais à l'ordre du jour, aujourd'hui que l'ouvrier a pris dans la société une place égale pour tous, et que cependant il se trouve dans un état d'infériorité relative parce qu'il attend de son travail journalier les ressources nécessaires à sa vie et à celle de sa famille, il doit compter sur la bienveillance et la sollicitude de celui-là qui possède le capital et pour lequel il n'épargne ni son temps, ni ses labeurs ; l'entrepreneur général fera donc œuvre de moralité, d'équité, il accomplira véritablement son devoir s'il veille par lui-même à ce que les ouvriers employés à ses travaux touchent le plus régulièrement possible les salaires qui leur sont dus ; il examinera et cherchera à prévenir au besoin les difficultés qui peuvent naître entre ces ouvriers et le sous-traitant, en surveillant les travaux ou en les faisant surveiller pour son compte, en examinant les conditions acceptées par les ouvriers, en les aidant de son expérience et de ses conseils, au besoin en se faisant leur propre défenseur.

Il aura ainsi rempli le devoir naturel qui commande à tous les membres d'une même Société de s'entr'aider mutuellement ; qui ordonne au plus fort de protéger le plus faible, qui prescrit au maître de faire régner chez lui et dans son usine l'esprit de justice et de bonté, l'esprit d'ordre, l'esprit de famille sans lesquels il n'est pour le travail ni moralité, ni succès.

DE CERTAINS PRÉJUGÉS

A côté des usages constants, dûment établis, et d'ailleurs connus de tous ou de presque tous, il existe parmi les ouvriers rémois certains préjugés, certaines idées préconçues qu'ils élèvent à la hauteur des usages et sur lesquels on les voit s'appuyer pour intenter des actions, émettre des prétentions dans lesquelles ils succombent à leur détriment; nous croyons donc leur rendre service en leur signalant et en leur démontrant leur erreur.

RUPTURE DU CONTRAT

Parmi les ouvriers employés au mois, beaucoup prétendent que *le congé ne peut leur être donné qu'à la fin du mois, ou à une date correspondante à celle de leur entrée, et en cas de renvoi brusque, réclament le salaire du mois courant et d'un autre mois entier.*

Cette prétention est absolument contraire à l'esprit de la loi de 1890. Nous avons vu en effet qu'elle établit en principe que « le contrat peut toujours cesser par la volonté de l'un des contractants, et que l'indemnité à allouer, s'il y a lieu, est laissée à l'appréciation des juges.

Le législateur, en effet, a laissé à chacun sa liberté individuelle, il n'a pas voulu que les parties fussent liées l'une à l'autre contre leur volonté; il leur a permis de se séparer brusquement, et n'a point fixé de délai pour cette séparation. L'usage a déterminé certain laps de temps entre la dénonciation du contrat et la séparation définitive, c'est-à-dire la huitaine ou le mois, selon le cas, mais comme indication seulement, et sans qu'il puisse porter atteinte, en sa qualité d'usage, au principe posé par la loi.

La loi et l'usage se complètent l'un l'autre et toute prétention qui s'en écarte est arbitraire et doit être rejetée.

L'usage veut encore que pendant la huitaine, le maître laisse à l'ouvrier deux heures par jour pour se procurer du travail, et nous avons souvent vu des ouvriers réclamer le paiement de ces deux heures.

Le maître ne doit à l'ouvrier que le paiement du temps seulement qu'il passe à son service, quel que soit d'ailleurs son genre d'occupation; la nécessité pour l'ouvrier de chercher du travail, c'est-à-dire de passer un autre contrat, est le corollaire direct du droit de résiliation et des conséquences qu'il entraîne; et si on nous objecte le cas où c'est l'ouvrier qui est congédié, nous répondrons que dans le cas contraire, le patron subit également une perte par le fait de l'absence de l'ouvrier.

En cas de différend sur la fixation de ces deux heures, c'est aux juges qu'il appartient de les déterminer, en tenant compte de la nature de l'emploi et de la durée du travail.

MALFAÇON. — RESPONSABILITÉS.

Tout dommage quelconque de l'homme qui cause à autrui un dommage, oblige celui par le fait duquel il est arrivé, à le réparer.

Chacun est responsable du dommage qu'il a causé, non seulement par son fait, mais encore par sa négligence ou par son imprudence.

Tels sont les principes posés par les articles 1382 et 1383 du Code civil.

Et cependant nous voyons journellement l'ouvrier émettre et poser en principe cette prétention qu'il n'est pas responsable du dommage qu'il peut causer au maître par suite de malfaçons dans son travail.

L'ouvrier qui accepte de faire un travail quelconque s'engage par le fait de son acceptation à le bien exécuter ; il ne peut arguer des difficultés qu'il présente, encore moins de son inhabileté ; la mauvaise qualité des matières, les défauts dans les machines peuvent seuls le dégager de cette responsabilité, et dans ce cas il doit en prévenir le maître ou le chef du chantier ou de l'atelier.

Il appuie sa prétention sur la présence de ces derniers, sous la surveillance desquels il est placé et qui, selon lui, doivent l'arrêter s'il fait mal ; c'est dans cette prétention que gît l'erreur de l'ouvrier. Le contremaître, en effet, qui a souvent sous ses ordres une centaine et plus d'ouvriers, ne peut exercer sur chacun d'eux une surveillance efficace; cette surveillance est générale, l'ouvrier n'est point un apprenti ; le contremaître doit donner des indications, des renseignements, des conseils à ceux qui les lui demandent, il peut également faire des observations lorsqu'il y a lieu, mais sa présence ne peut dégager complètement l'ouvrier de la responsabilité de la bonne exécution de son travail, ni le dispenser du devoir d'y apporter toute l'attention et les soins nécessaires.

Est-ce à dire que cette responsabilité doive être appliquée pécuniairement dans toute son étendue ? En principe la réponse doit être affirmative et nous avons vu que la Cour suprême a décidé qu'il n'était pas permis aux juges de réduire comme excessive la clause pénale d'un règlement. En fait, l'application de ce principe nous paraît d'une rigueur excessive, souvent même elle serait impossible ; il arrive en effet fréquemment que la malfaçon cause au patron un dommage supérieur au salaire qu'en a retiré l'ouvrier et il serait vraiment inhumain de priver tout à la fois ce dernier de ce salaire et de lui demander une indemnité. C'est donc par une retenue d'une partie seulement de ce salaire que l'ouvrier sera puni de son inattention ou de sa négligence.

Les malfaçons donnent naissance encore à un autre préjugé chez les ouvriers tisseurs.

Dans la plupart des établissements de tissage il existe des règlements édictant des amendes à raison des défauts qui peuvent se produire dans le cours du travail et relevés alors que la pièce est *descendue du métier* par un employé ordinairement chargé de ce service spécial, tels que *traces, mésentrées, grils, culottes, etc.*

Au moment du *règlement*, l'ouvrier se voit appliquer, sous forme de retenue sur son salaire, des amendes qui absorbent parfois la totalité de la façon, encore qu'elles ne représentent pas la valeur du dommage causé, c'est alors que l'ouvrier prétend pouvoir se dispenser de *payer les amendes* en quittant immédiatement l'atelier. Il lui semble qu'il peut établir une compensation entre le préjudice qu'il a causé et celui qu'il se cause à lui-même en se privant volontairement de travail. Ce raisonnement est complètement faux; non seulement le tort qu'il se cause ne peut réparer le tort qu'il cause à son maître, mais il aggrave encore sa situation en rompant brusquement son contrat ; la rupture ne peut être demandée que par le patron si le tort causé est suffisamment grave pour la justifier. C'est au juge conciliateur qu'il appartient de chercher le terrain sur lequel l'entente peut se faire et d'employer les moyens équitables pour y parvenir.

Nous disons juge conciliateur, car les Conseils de Prud'hommes, les Juges de Paix, qu'on appelle Tribunaux d'exception, ont d'abord la mission de chercher à concilier les parties, ils sont un Tribunal de famille qui reste étranger aux formes de la procédure, aux subtilités de loi et dont les seules règles sont la morale et l'équité.

Mais si les parties n'écoutent pas leurs conseils, si elles rendent leur rôle de conciliateur impossible, ce même Tribunal de famille se transformera, la loi seule deviendra sa règle et il l'appliquera dans toute son étendue, dans toute sa rigueur.

LES GRÈVES OU COALITIONS

ET LA

RUPTURE DU CONTRAT DE LOUAGE DE TRAVAIL

Jusqu'en 1864, dans l'intérêt de la liberté de l'industrie, de la liberté du patron et des ouvriers, la loi avait prohibé les coalitions qui ont pour but d'imposer aux uns ou aux autres des conditions de travail plus ou moins onéreuses, elles les qualifiait de *délit*.

Une loi du 2 mars 1791 abolissait les maîtrises et les jurandes; le 14 juin suivant des dispositions pénales étaient édictées contre les patrons et les ouvriers qui formaient des coalitions pour faire augmenter ou diminuer le prix de la journée; enfin le Code pénal, définissant les délits, détermina leur pénalité.

En 1849, l'Assemblée législative, après de longues discussions, fut presque unanime à reconnaître que les coalitions devaient continuer à être punies comme ayant pour effet d'être contraires à la liberté du commerce, de l'industrie ou du travail, et le 27 novembre, modifiant les articles 414, 415 et 416 du Code pénal, elle édictait :

1° La peine d'emprisonnement de six jours à trois mois et une amende de 16 fr. à 300 fr. contre tous patrons ou ouvriers convaincus de s'être coalisés pour forcer l'abaissement ou l'augmentation des salaires, pour faire cesser ou interdire le travail, pour empêcher de s'y rendre, et en général, pour suspendre, empêcher, enchérir les travaux, s'il y avait tentative ou commencement d'exécution, et contre les chefs ou moteurs, un emprisonnement de deux à cinq ans ; 2° Les mêmes peines contre les directeurs d'ateliers, entrepreneurs d'ouvrages et ouvriers, qui, de concert, auraient prononcé des amendes, interdictions, prescriptions, sous quelque qualification que ce puisse être, soit de la part des patrons contre les ouvriers, soit de la part de ceux-ci contre les premiers, soit les uns contre les autres.

La loi du 25 mai 1864 modifia de nouveau ces mêmes articles 414, 415, 416 en ce sens que les peines édictées par le législateur de 1849 ne s'appliquent aujourd'hui qu'à ceux qui, *à l'aide de violences, menaces, voies de fait, manœuvres frauduleuses, auraient amené ou maintenu une cessation concertée de travail, ayant pour but de forcer la hausse ou la baisse des salaires et de porter atteinte au libre exercice de l'industrie ou du travail. Elle frappe également de la peine d'emprisonnement et d'une amende, ou de l'une des deux seulement, tous ouvriers, patrons ou entrepreneurs d'ouvrages qui, à l'aide d'amendes, défenses, prescriptions, interdictions prononcées par suite d'un plan concerté auront pu porter atteinte au libre exercice de l'industrie ou du travail.*

Cette loi du 25 mai 1864 est toujours en vigueur.

On voit quelle différence existe entre la loi de 1849 et celle de 1864. Dans la première la coalition constituait par elle-même un fait délictueux; dans la seconde, pour revêtir ce même caractère délictueux, la coalition doit être accompagnée de violences, etc.

Il résulte donc de la législation actuelle que la coalition est permise en tant qu'elle réside dans ce fait qu'un certain nombre de patrons et ouvriers se réunissent pour demander ou proposer des modifications au mode de travail ou aux salaires jusqu'alors acceptés par les uns et les autres et qu'elle est exempte de moyens violents ou de manœuvres frauduleuses.

Mais on voit également que les législateurs de 1791, de 1849 et de 1864 ne se sont occupés des coalitions ou grèves que dans leur caractère exclusivement criminel; qu'ils sont restés muets sur les conséquences qu'elles peuvent avoir civilement, c'est-à-dire sur les contrats civils qui lient les patrons aux ouvriers et sur les obligations qui en dérivent, et qu'ils n'ont entendu abroger aucune des dispositions du Code civil contenues au titre des Contrats et Obligations.

C'est donc à tort que beaucoup d'ouvriers ont prétendu et prétendent encore que la grève étant licite, ils sont affranchis des diverses obligations de leur contrat et notamment de celle de donner congé.

La loi de 1864 n'a apporté aucune modification à l'exécution des engagements respectifs des patrons et des ouvriers, résultant soit de conventions formelles, soit de règlements d'atelier, soit enfin des usages locaux. Admettre la prétention que nous venons de rappeler serait violer ouvertement les dispositions du Code civil et notamment la loi du

27 décembre 1890, qui, préparée et discutée alors que de nombreuses grèves éclataient simultanément sur différents points de la France et devaient appeler sur ce point l'attention des législateurs, édicte que la brusque rupture du contrat par le fait de l'un des contractants peut donner lieu à des dommages-intérêts, sans s'arrêter aux causes qui peuvent la provoquer et par conséquent sans en légitimer aucune, mais en laissant aux tribunaux le soin d'apprécier et de déterminer l'étendue du dommage causé.

C'est dans ce sens du reste que se sont prononcés plusieurs tribunaux, notamment le Tribunal de commerce de Tarare, le 30 décembre 1890, sur un appel du jugement du Conseil de Prud'hommes, et dont nous croyons devoir donner ici les considérants :

Attendu que la loi sur les coalitions n'a absolument rien changé aux rapports civils des patrons et des ouvriers, lesquels sont demeurés, avant comme après cette loi, régis soit par les usages locaux, soit par les contrats particuliers; que la loi du 25 mai 1864 est exclusivement une loi pénale, dont le seul effet a été de faire disparaître le délit ancien de coalition et de le remplacer par celui d'entrave à la liberté du travail; qu'en un mot, cette loi a permis aux ouvriers, comme aux patrons eux-mêmes, de faire collectivement et après entente préalable, sans encourir des peines correctionnelles, ce que auparavant chacun d'eux en son particulier avait toujours eu le droit de faire, c'est-à-dire d'interrompre le travail;

Attendu que la législation nouvelle n'a pas donné aux ouvriers le droit de violer les conventions librement formées entre eux et leurs patrons; que les délais qui devaient être autrefois respectés par l'individu doivent l'être aujourd'hui par la collectivité, et que si l'on peut déclarer la grève générale elle ne peut produire ses effets qu'après l'expiration du délai fixé, soit par les usages locaux, soit par les contrats;

Attendu au surplus que le jugement dont est appel proclame lui-même cette règle de droit, dans les termes les plus formels, et en esquisse l'application en invoquant une considération de pur fait qui est dépourvue de toute valeur, quand il s'agit de faire échec à un principe de droit expressément reconnu; que, rappelant à contre-sens une citation isolée du rapport de M. Emile Ollivier, il croit que tous les contrats sont résiliés de plein droit, parce que la grève générale est déterminée par une passion impétueuse qui s'est emparée des ouvriers, qui les maîtrise et les entraîne de telle sorte qu'ils n'agissent plus volontairement et librement et qu'ainsi Goujat avec la meilleure volonté n'aurait pu, après la proclamation de la grève, rester une heure de plus dans les ateliers de ses patrons;

Attendu que le tribunal n'a pas à rechercher cette manière de considérer l'ouvrier comme privé de son libre arbitre par une passion impétueuse et comme n'ayant plus l'usage de sa liberté, ni de sa volonté propre et suffisamment respectueuse des droits et des personnes qu'elle a la prétention de défendre; mais que, dans tous les cas, ce genre de raisonnement est en contradiction d'abord avec les principes généraux du droit qui n'admettent pas qu'un majeur non interdit invoque ses passions et, à plus forte raison, celles de son entourage pour se soustraire à ses engagements; qu'il est aussi en contradiction flagrante avec l'esprit de la loi de 1864, laquelle a fait disparaître de la législation le délit de coalition en le remplaçant par celui d'entrave à la liberté du travail, ce qui signifie que la grève n'est licite que si elle respecte la liberté des travailleurs et ne les contraint pas à violer les obligations de droit commun qu'ils ont pu contracter avec leurs patrons ;

Attendu que l'invocation à l'article 1148 du Code civil et aux règles de force majeure n'ont rien à faire aux débats ; que, pour que la grève pût être considérée comme un cas de force majeure, il serait nécessaire qu'elle fût imposée à l'ouvrier par une volonté extérieure à laquelle il lui serait impossible de se soustraire, mais que précisément la grève est un fait auquel l'ouvrier est libre d'accorder ou de refuser son consentement, et que nul ne peut alléguer son propre fait, comme constituant à son propre égard un cas de force majeure.

Puissent ces quelques notes, encore qu'elles soient bien incomplètes, éviter aux patrons et aux ouvriers certains différends nés de préjugés trop répandus, d'interprétations erronées, d'obligations et de devoirs mal compris. Puissent-elles contribuer quelque peu, en leur faisant connaître la vérité, à apporter dans leurs rapports la franchise, la sincérité et la loyauté nécessaires à une existence commune toute de devoir et de travail.

LIVRETS OUVRIERS

LOI DU 2 JUILLET 1890. — ABOLITION.

Art. 1er. — Sont abrogés : la loi du 22 juin 1854, le décret du 30 avril 1855, la loi du 14 mai 1851, l'article 12 du décret du 13 février 1852, sur les obligations des travailleurs aux colonies et toutes les autres dispositions de lois ou décrets relatifs aux livrets d'ouvriers.

Néanmoins continueront à être exécutés : les dispositions de la loi du 18 mars 1806 sur les livrets d'acquit de la fabrique de Lyon ; celles de la loi du 7 mars 1850 sur les livrets de compte pour le tissage et le bobinage, et l'article 10 de la loi du 19 mai 1874 relatif aux livrets des enfants et des filles mineures employés comme apprentis ou autrement.

Art. 2. — Le contrat de louage d'ouvrage, entre les chefs ou directeurs des établissements industriels et leurs ouvriers, est soumis aux règles du droit commun et peut être constaté dans les formes qu'il convient aux parties contractantes d'adopter.

Cette nature de contrat est exempte de timbre et d'enregistrement.

Art. 3. — Toute personne qui engage ses services peut, à l'expiration du contrat, exiger de celui à qui il les a loués, sous peine de dommages et intérêts, *un certificat contenant exclusivement la date de son entrée, celle de sa sortie, et l'espèce de travail auquel elle a été employée.*

Ce certificat est exempt de timbre et d'enregistrement.

RÉSUMÉ

DE L'APPRENTISSAGE

Le contrat d'apprentissage est celui par lequel le maître s'engage à enseigner l'exercice de sa profession à l'apprenti qui, en retour, doit travailler pour le maître. Nature du contrat.

Il est verbal ou écrit.

Il peut être fait sous seing privé; il peut être reçu par les notaires, greffiers de justices de paix, secrétaires de Conseils de Prud'hommes.

Dans ce dernier cas, il est authentique.

Page 5.

Toutes personnes majeures et jouissant de leurs droits civils peuvent passer un contrat d'apprentissage en qualité de maîtres. Capacité des parties.

Le peuvent également : la femme commerçante, séparée de biens d'avec son mari, ou commune en biens et autorisée par celui-ci à faire le commerce.

Le mineur émancipé ne peut le faire comme apprenti que dans la limite de l'administration de ses biens.

Le mineur ne peut traiter ni comme maître ni comme apprenti.

Les personnes capables de traiter pour le mineur sont :

Le père ;

La mère veuve, ou, si elle est mariée, avec l'autorisation

de son mari, et seule, si celui-ci a disparu; en cas de désaccord avec son mari, elle peut se faire autoriser par justice;

En cas de séparation de corps ou de divorce, celui des époux qui a la garde de l'enfant;

Le tuteur, avec ou sans l'autorisation du conseil de famille ;

Le juge de paix ou la personne désignée par lui;

Le père ou la mère naturelle qui a reconnu l'enfant;

Les directeurs d'asiles, d'hospices, d'établissements de charité ou de bienfaisance, les présidents de conseils d'administration ou membres désignés par eux, pour les enfants trouvés ou abandonnés placés dans ces asiles.

Page 6.

De la Durée.

Aucune loi ne fixe la durée du contrat. Elle est déterminée par les usages, la nature de la profession, et selon que le prix de l'apprentissage consistera en argent ou en travail seulement; dans ce dernier cas, la durée est nécessairement plus longue, de même lorsque le maître aura dû loger, nourrir et entretenir l'apprenti.

Cette durée peut être réduite par les tribunaux comme excessive si elle dépasse la durée consacrée par les usages locaux.

La preuve testimoniale de la durée du contrat ne peut être admise au delà de 150 francs.

Page 9.

Du prix.

Le prix de l'apprentissage peut consister soit en argent, soit en travail, soit en argent et travail réunis; toute latitude est laissée aux parties à cet égard.

Il y a compensation entre les services que rend le maître à l'apprenti par l'enseignement de sa profession, et les services que ce dernier lui rend lui-même par son travail, ou l'argent qu'il lui verse.

L'action en paiement du prix se prescrit :

S'il y a contrat écrit, par trente ans.

S'il y a contrat verbal :

Pour le maître : par un an (art. 2272, C. C.).;

Pour l'apprenti : par six mois (art. 2271, C. C.).

La prescription de cinq ans n'est pas applicable.

Page 10.

De la preuve.

La preuve du contrat s'établit :

1° Par la preuve testimoniale jusqu'à concurrence de 150 francs.

2° Par l'interrogatoire sur faits et articles, conformément à l'article 324, C. proc. civ.

3° Par l'aveu judiciaire.

L'aveu judiciaire est indivisible : on ne peut demander acte d'un fait et en rejeter un autre allégué en même temps; il faut l'admettre pour le tout dans son ensemble ou renoncer à s'en prévaloir.

4° Par le serment décisoire, ou le serment déféré d'office par le juge, et dans ce dernier cas, lorsque « la demande ou l'exception n'est pas pleinement justifiée, et lorsqu'elle n'est pas totalement dénuée de preuves ».

5° Par les présomptions légales et les présomptions simples; ces dernières doivent être graves, précises et concordantes.

Le maître ne peut être cru sur son affirmation; l'apprenti n'est pas un domestique à gages.

Page 11.

Devoirs du maître.

Le maître doit se conduire en bon père de famille, surveiller la conduite et les mœurs de l'apprenti et avertir ses représentants des fautes graves qu'il pourrait commettre ou de ses mauvais penchants.

Il sera bon avec l'apprenti et lui donnera des conseils. Il pourra être sévère, mais jamais ni grossier ni brutal. Il ne lui infligera pas de corrections corporelles.

Il veillera à ce qu'il ne soit pas exposé aux grossièretés ni aux brutalités des autres personnes de l'atelier, à ce qu'il n'en soit pas le jouet ou la risée; à ce qu'il ne soit pas le témoin d'actes ou de paroles grossières ou indécentes.

Il surveillera l'apprenti hors de sa maison, le réprimandera, et avertira ses représentants des écarts de conduite auxquels il pourra se livrer.

S'il est obligé de le nourrir et de l'entretenir, il lui donnera un logement convenable et salubre, une nourriture saine et suffisante, des vêtements et du linge propres.

Si l'apprenti est malade ou blessé, il le soignera, fera venir un médecin et se conformera aux prescriptions de celui-ci.

Toutefois si la maladie menaçait d'être longue, il pourra le faire reprendre par ses représentants, et au cas de refus de ceux-ci le faire admettre dans un hospice.

Page 14.

De l'Enseignement professionnel.

Le maître doit enseigner à l'apprenti progressivement et complètement l'art, le métier ou la profession qui fait l'objet du contrat.

Il doit le mettre au courant de tous les procédés en usage dans la profession; mais il n'est pas tenu de l'initier aux procédés particuliers à lui, et différents de ceux employés dans la pratique ordinaire du métier, non plus que de ceux pour lesquels il s'est fait breveter. Ces procédés spéciaux sont une propriété personnelle que le maître peut conserver par devers lui.

Le maître n'est pas tenu d'instruire lui-même l'apprenti. Il a la faculté de se faire suppléer par des contremaîtres ou ouvriers, sous sa responsabilité.

L'enseignement doit être progressif et en rapport avec les aptitudes et l'habileté de l'apprenti; on ne peut établir aucune règle à cet égard, et le maître est le juge des progrès de l'apprenti.

L'apprenti ne sera employé, sauf conventions contraires, qu'aux travaux et services qui se rattachent à l'exercice de la profession. Il ne le sera jamais à un travail au-dessus de ses forces.

Sauf de rares exceptions et alors seulement que l'apprenti ne paiera aucune somme en argent, il ne pourra être employé aux travaux du ménage des maîtres, pas plus qu'à faire des courses en dehors de la profession; encore ne sera-ce que s'il ne peut être occupé.

Si le prix de l'apprentissage est en argent, il est rigoureusement interdit au maître de l'employer à des travaux autres que ceux de sa profession ou s'y rattachant, comme par exemple le rangement et le nettoyage de l'atelier.

L'apprenti ne peut être employé à des travaux insalubres ou au-dessus de ses forces.

La loi du 13 mai 1895, quoique abrogée, fournit des indications utiles à ce sujet.

Enfin le maître doit prendre, dans l'atelier, toutes les mesures et les précautions nécessaires pour éviter que l'apprenti soit victime même de son imprudence ou de sa légèreté.

Tous les infractions, de la part du maître, aux règles qui précèdent peuvent donner lieu contre lui à une action en dommages-intérêts, ou même à la résiliation du contrat.

Page 16.

Devoirs de l'apprenti

L'apprenti doit à son maître fidélité, obéissance et respect; il doit l'aider, par son travail, dans la mesure de son aptitude et de ses forces.

L'apprenti doit être fidèle envers son maître, c'est-à-dire, probe, honnête, et ses infidélités constituent de véritables vols domestiques qui sont sévèrement réprimés.

Il doit être attentif aux conseils et à l'enseignement qui lui sont donnés, soumis aux ordres qu'il reçoit de son maître, respectueux envers lui dans son attitude et ses paroles.

Il ne devra jamais être l'objet ou la cause d'un scandale dans l'atelier.

Comme pour le patron, tout manquement à ces devoirs peut donner lieu contre lui à des dommages-intérêts, à la résiliation du contrat, ou à des peines sévères.

Page 19.

De la durée du travail.

L'article 9 a déterminé la durée du travail hebdomadaire des apprentis, et toléré le nettoyage et le rangement de l'atelier.

La loi du 2 novembre 1892 l'a implicitement abrogé en réglant à nouveau le travail des femmes et des enfants dans les manufactures ; cette dernière loi doit être appliquée aux apprentis.

Page 20.

De l'instruction primaire de l'apprenti.

Si l'apprenti réside chez le patron, celui-ci doit se conformer aux prescriptions des articles 4 et 7 de la loi du 28 mars 1882.

Si au contraire l'apprenti demeure chez ses parents, le maître doit lui laisser le temps nécessaire pour son instruction et même veiller à ce que l'enfant se rende à l'école aux heures convenues.

Page 21.

De la rupture du contrat.

Le contrat est rompu nécessairement :

1° Par la mort du maître ou de l'apprenti ;

2° Si l'apprenti ou le maître est appelé au service militaire ;

3° Pour les filles mineures, dans le cas de décès de l'épouse ou de toute autre femme de la famille qui dirigeait la maison à l'époque du contrat.

Lorsque l'un de ces cas se présente, les tribunaux sont obligés de prononcer la résiliation du contrat.

Cette résiliation ne peut donner ouverture à aucune action en dommages-intérêts, mais si le prix de l'apprentissage était en argent, l'apprenti peut demander la restitution de tout ou partie des sommes payées, comme le maître de tout ou partie du prix du contrat.

Le contrat peut être résolu pendant les deux premiers mois de l'apprentissage, qui sont considérés comme un temps d'essai.

Enfin la résiliation du contrat peut résulter d'une décision de justice :

Dans le cas de manquement grave aux conditions du contrat.

Dans le cas d'infraction grave aux prescriptions de la loi.

Si le maître transporte sa résidence dans une commune autre que celle qu'il habitait lors de la convention, à la condition que la demande soit formée dans les trois mois du jour du changement de résidence.

Si le maître ou l'apprenti encourait une condamnation emportant emprisonnement de plus d'un mois.

Si l'apprenti vient à se marier.

Si le maître refuse de recevoir l'apprenti, ou si ce dernier se refuse à continuer son apprentissage, sans motifs légitimes.

Est licite et doit recevoir son exécution la clause pénale relative à la rupture non justifiée du contrat.

Le maître n'a aucun droit de rétention sur les effets personnels de l'apprenti qu'il lui a donnés comme conséquence de l'engagement qu'il a pris de le vêtir; mais il peut lui être tenu compte de la valeur de ces effets si la résolution est prononcée aux torts de l'apprenti.

Page 22.

Détournement de l'apprenti.

Tout fabricant, chef d'atelier ou ouvrier convaincu d'avoir détourné un apprenti de chez un maître pour l'employer en qualité d'apprenti ou d'ouvrier pourra être passible de tout ou partie de l'indemnité à prononcer au profit du maître abandonné. Page 27.

Compétence.

Les Conseils de Prud'hommes sont compétents pour connaître de toutes difficultés relatives au contrat d'apprentissage, mais seulement pour les professions ressortissant à leur juridiction.

Les juges de paix sont incompétents pour connaître de ces mêmes contestations dans les cantons où existe un Conseil de Prud'hommes; cependant cette incompétence n'est que relative et doit être proposée *in limine litis.*

Page 28.

Procédure.

Les prud'hommes peuvent se transporter chez le maître pour vérifier l'état du logement de l'apprenti et la nature du travail auquel il est soumis.

Ils peuvent ordonner une mesure provisoire, et charger l'un d'eux d'en surveiller l'exécution.

Page 29.

Juridiction répressive.

Tout délit tendant à troubler l'ordre et la discipline de l'atelier, tout manquement grave des apprentis envers leurs maîtres pourront être punis d'un emprisonnement qui n'excédera pas trois jours, sans préjudice de l'action publique.

Mais les Conseils de Prud'hommes ne peuvent se saisir d'office des contraventions; ils ne peuvent statuer que sur la plainte du maître.

L'action de celui-ci est indépendante de celle que le ministère public exercerait devant les tribunaux criminels.

Les jugements des Conseils de Prud'hommes en matière répressive peuvent être attaqués par la voie de l'appel porté devant le Tribunal correctionnel.

Page 29.

LOI DU 27 DÉCEMBRE 1890

DÉLAIS DE PRÉVENANCE ET RUPTURE DU CONTRAT.

De la résiliation de contrat.

Le louage de services, fait sans détermination de durée, peut toujours cesser par la volonté d'une des parties contractantes.

La résiliation du fait d'un des contractants peut donner lieu à des dommages-intérêts.

Les tribunaux, pour la fixation de l'indemnité à allouer, le cas échéant, doivent tenir compte des usages, de la nature des services engagés, du temps écoulé, etc., et en général de toutes les circonstances qui peuvent justifier l'existence et déterminer l'étendue du préjudice causé.

Les parties ne peuvent renoncer par avance au droit éventuel de demander des dommages-intérêts.

L'exercice du droit de résiliation ouvre l'action en dommages-intérêts lorsque celui qui en est l'auteur a fait de ce droit *un usage abusif et préjudiciable;* la rupture du contrat doit être subordonnée *à l'existence de motifs légitimes.*

Pour qu'une condamnation intervienne de ce chef, le jugement qui la prononce doit *relever les circonstances desquelles il fait résulter cette faute.*

La décision manque de base légale, qui, pour allouer au demandeur des dommages-intérêts, se fonde *uniquement sur le défaut de délai-congé,* et alors que celui-ci n'a invoqué à l'appui de sa demande *aucune circonstance impliquant de la part du défendeur un abus de son droit de résiliation.*

Le fait seul du défaut de congé préalable ne saurait rendre un patron passible de dommages-intérêts envers son ouvrier s'il établit d'une façon indiscutable qu'il se trouve subitement dans l'impossibilité de donner du travail à celui-ci.

Le juge ne peut repousser *de plano* une demande en dommages-intérêts en se basant uniquement sur les dispositions de l'article 1134 C. C. Le nouvel article 1780 *déroge sur ce point à l'article 1134.*

Celle des parties qui se prétend lésée par la brusque rupture du contrat *doit prouver* qu'il y a eu de la part de son adversaire *faute ou abus dans l'exercice de son droit,* et à son égard préjudice *résultant de l'exercice de ce droit.*

L'évaluation de l'indemnité à allouer, le cas échéant, doit être déterminée *d'après l'étendue du préjudice causé* et non *d'après le mode de paiement des salaires,* ou *le montant des salaires pendant le délai de congé* en usage.

Page 32.

Est illicite, et par conséquent, *nulle de plein droit,* la clause d'un règlement d'atelier aux termes de laquelle les parties renoncent à réclamer des dommages-intérêts en cas de brusque rupture du contrat. Des règlements d'atelier.

Est licite la convention réciproque par laquelle le patron et l'ouvrier déterminent la durée du délai de congé, ou même suppriment tout préavis.

La fixation ou la suppression de ce délai n'entraîne pas par elle-même la renonciation au droit de demander des dommages-intérêts; une telle clause a seulement pour effet de déroger aux usages locaux; le droit à des dommages-intérêts résulte du fait qu'il y a eu *faute ou abus* dans l'exercice du droit de résiliation. Les tribunaux sont encore souverains appréciateurs. — Ainsi pourra être passible de dommages-intérêts le patron qui, pour renvoyer son ouvrier, invoquera seulement la clause de son règlement, et n'alléguera contre l'ouvrier aucun grief, ni insubordination, ni incapacité, ni mauvais travail, non plus que le manque d'ouvrage.

Est licite la convention aux termes de laquelle les parties fixent d'avance l'indemnité à payer en cas de rupture du contrat, *si cette indemnité a été sérieusement et équitablement fixée.* Dans ce cas, *elle fait forcément la loi des tribunaux.* Ceux-ci doivent toujours respecter les conventions établies par les parties *d'une façon loyale et équitable.*

Ils restent toutefois souverains appréciateurs de la loyauté et de l'équité des conventions.

Page 40.

De la rupture du contrat.

La rupture du contrat, avec ou sans dommages-intérêts, peut être amenée *par le manquement aux engagements pris, par les injures, les violences, l'insubordination, le mauvais travail, l'infraction au règlement. Par certaines modifications apportées au contrat sans que les parties contractantes se soient mises d'accord préalablement, pour les accepter réciproquement, dans un intérêt commun.*

Enfin par toute action pouvant déterminer un préjudice à l'égard de l'une ou l'autre des parties contractantes.

Page 44.

L'affichage des règlements.

Les clauses d'un règlement d'atelier sont de deux sortes : unilatérales ou synallagmatiques.

Les premières sont l'œuvre du patron comme maître dans son usine; elles constituent l'ensemble des mesures qu'il croit devoir prendre pour l'organisation et la discipline du travail. Ces clauses doivent être respectées par les juges ainsi que les pénalités infligées en cas d'inexécution.

Les secondes sont celles qui fixent les salaires, dérogent à des coutumes et à des usages généralement suivis et doivent faire l'objet d'une convention formelle entre le patron et l'ouvrier au moment de l'embauchage, conformément à l'article 1,108. C. C.

Page 45.

Du Marchandage.

Celui qui fait construire n'est tenu envers les maçons, charpentiers, et autres ouvriers employés à la construction du bâtiment, comme l'entrepreneur général, vis-à-vis des sous-entrepreneurs, que jusqu'à concurrence des sommes dont il se trouve débiteur envers l'entrepreneur au moment où l'action est intentée.

L'entrepreneur général qui, au cours des travaux, a versé des acomptes aux ouvriers, peut, de ce fait, être directement engagé envers eux pour le surplus des travaux.

Page 49.

DE CERTAINS PRÉJUGÉS

Du congé.

Le congé peut être donné à toute heure de la journée, et à tel jour de la semaine ou du mois, sans qu'il soit besoin de tenir compte de l'époque de l'engagement ou du mode de paiement des salaires.

L'usage accorde à l'ouvrier pendant le temps du délai-congé deux heures par jour pour chercher du travail; mais il n'a droit à aucun salaire pendant ces deux heures.

Chacun est responsable du dommage qu'il a causé par son fait, son imprudence ou sa négligence.

La présence d'un contremaître peut atténuer la responsabilité de l'ouvrier, mais ne l'en dégage pas complètement.

Les malfaçons produites par un ouvrier ne le dispensent pas de l'exécution de ses autres obligations, et c'est à tort qu'il prétend parfois pouvoir se dispenser de payer une amende ou subir une retenue sur son salaire en quittant immédiatement l'atelier.

Page 53.

DES GRÈVES

Des grèves.

La loi du 25 mai 1864 sur le droit de grève ou coalition, est exclusivement pénale. Elle a fait disparaître le caractère délictueux qui précédemment frappait toute coalition, et ne lui a laissé ce même caractère que si elle est accompagnée de violences, voies de fait ou manœuvres portant atteinte à la liberté du travail.

Elle n'autorise pas les ouvriers coalisés à violer les conventions formées entre eux et leurs patrons; les délais d'usage qui doivent être observés par un seul individu, doivent l'être également par la collectivité; et la grève ne peut être déclarée ou se produire qu'après l'expiration des délais de congé prévus par les usages ou les conventions.

Page 56.

LIVRET D'OUVRIER. — CERTIFICAT

Du livret d'ouvrier. Certificat.

La loi du 2 juillet 1890 a abrogé les lois antérieures relatives aux livrets d'ouvriers.

Cependant tout ouvrier peut, à l'expiration du contrat, exiger du patron un certificat *contenant exclusivement la date de son entrée, celle de sa sortie, et l'espèce de travail auquel il a été employé.*

Ce certificat est exempt de timbre et d'enregistrement.

Page 60.

Reims. — Imp. Indép. Rémois. — J. Justinart

www.ingramcontent.com/pod-product-compliance
Ingram Content Group UK Ltd.
Pitfield, Milton Keynes, MK11 3LW, UK
UKHW031926260826
14628UKWH00003B/1443